역사 왕이 되는

한국사②

이야기

〈왕이 되는〉 시리즈 ④

역사 왕이 되는 한국사 이야기 2

초판 1쇄 인쇄 2014년 3월 21일
초판 1쇄 발행 2014년 3월 28일

지음 글공작소

책임편집 김설아
책임디자인 design86

펴낸이 이상순
주간 서인찬
편집장 박윤주
기획편집 유명화, 주리아, 김초희
디자인 유영준, 최성경
마케팅 홍보 김미숙, 이상광, 권장규, 박성신, 박순주
펴낸곳 (주)도서출판 아름다운사람들
주소 (413-756) 경기도 파주시 회동길 103
대표전화 031-955 -1001 **팩스** 031-955 -1083
이메일 books777@naver.com
홈페이지 www.books114.net

ⓒ2014, 글공작소
ISBN 978-89-6513-281-3 (13900)
        978-89-6513-279-0 (13900) 세트
        978-89-6513-276-9 (13900) 세트

역사 왕이 되는

한국사 이야기 ②

아름다운사람들

『역사 왕이 되는 한국사 이야기』가 아이들에게 좋은 이유

1 초등 교과 연계로 역사 공부가 쉬워집니다

　『역사 왕이 되는 한국사 이야기』는 하나의 역사적 사실에서 출발해 역사 전반에 재미를 느끼게 하고 의문이 꼬리를 물게 하여, 역사적 사고의 깊이와 폭을 동시에 더할 수 있도록 유도합니다. 「임진왜란과 정유재란」 편에서는 전쟁이 미친 영향은 물론 조선 문화가 일본 사회와 문화에 미친 영향을, 「창씨개명과 일본군 위안부」 편에서는 일제 강점기의 비극과 오늘날까지 이어져 오는 역사의 연속성을 함께 전하고 있습니다. 이 같은 구성은 우리 아이들에게 역사란 단절된 것이 아니라 우리가 살고 있는 현재까지 끊임없이 이어지는 하나의 흐름이라는 사실을 인지하게 해 줍니다. 이렇듯 재미있게 술술 읽히는 이야기는 한국사를 집중적으로 배우는 초등학교 5학년의 사회 과목 공부에도 직접적인 도움을 줍니다. 아울러 개정교과서의 통합교과와 국어, 사회, 도덕, 미술, 음악 등 다양한 과목에 두루 걸친 꼼꼼한 교과 연계를 실어, 아이들로 하여금 단순히 책을 읽는 데에서 그치는 것이 아니라 보다 실질적인 학습의 장으로 활용할 수 있도록 도와줍니다.

2 외우지 않고도 개념을 확실히 잡을 수 있습니다

　우리 아이들이 역사 공부를 할 때 가장 어려워하는 부분은 바로 '역사 속의 개념'을 제대로 익히는 게 쉽지 않다는 점입니다. 이것은 어찌 보면 아주 자연

스러운 현상입니다. 왜냐하면 아이들에게 역사란 경험하지 못한 과거를 책을 통해서만 배우는 것이기 때문입니다. 이에 따라 『역사 왕이 되는 한국사 이야기』는 역사 용어부터 낯설어하는 우리 아이들을 위해 역사를 이해하는 데 필요한 핵심 키워드를 중심으로 큰 뼈대를 세웠습니다. 그뿐만 아니라 그와 관련된 배경 이야기로 살을 붙여 한눈에 역사 개념을 잡을 수 있게 했습니다. 이는 곧 역사의 흐름을 이해하는 데 중요한 키워드와 그 배경이 재미나고 쉽게 이해되는 것을 의미합니다. 이 책은 우리 아이들이 역사에 흥미를 가질뿐더러, 궁금한 것을 스스로 알아갈 수 있도록 만들었기 때문입니다. 그리고 한 번만 봐도 머리에 쏙쏙 들어와 그 내용을 잊지 않을 것입니다.

3 공부 왕이 되는 〈왕이 되는〉 시리즈

〈왕이 되는〉 시리즈는 우리 아이들에게 "아, 공부가 이렇게 즐거운 것이구나!" 하는 것을 깨쳐 줍니다. 아울러 궁금한 것이 많은 우리 아이들의 지적 호기심도 동시에 해결해 주는 시리즈입니다. 공부의 맛과 재미는 탄탄한 기초 교양의 주춧돌 위에 세울 때 그 효과가 배가됩니다. 그리고 이 기초 교양은 우리 아이들이 학습에서 자기 주도적 능력을 내는 데 큰 밑거름이 됩니다. 『역사 왕이 되는 한국사 이야기』는 우리 역사를 이야기로 읽고 이해하는 과정을 통해 사회 과목에 등장하는 한국사와 더불어 자신의 정체성에 관한 문제를 알 수 있도록 도움도 줍니다. 우리 아이들이 이 책을 통해 목적하는 바를 달성하여 사회 과목에 대한 '공부 왕'이 되기를 바랍니다.

초등 교과 연계

차례

『역사왕이 되는 한국사 이야기』가
아이들에게 좋은 이유 … 4

이성계, 조선을 건국하다 … 14
wow 붉은 수건을 써서 홍건적

조선의 기틀을 닦은 정도전 … 18
wow 정도전의 글을 모은 『삼봉집』

왕자의 난과 태종 이방원 … 23

오로지 고려만 섬긴 충신들 … 27

새로운 나라의 새 도읍, 한양 … 31

훈민정음을 창제한 세종 대왕 ··· 35
WOW 덕으로써 백성을 다스리는 왕도정치
WOW 노비였던 조선 최고의 과학자 장영실

정치·문화의 발전은 집현전에서 ··· 39
WOW 조선 팔도를 담은 지도 책 『팔도지리지』

조선의 으뜸 재상, 청백리 황희 ··· 43
WOW 훌륭한 관리의 모범이 된 황희 정승

왕위를 스쳐 지나간 문종과 단종 ··· 50
WOW 조선 시대에 쓴 고려 역사책 『고려사절요』
WOW 다음 왕이 될 왕자, 세자

조카의 왕위를 빼앗은 세조 ··· 54
WOW 6진을 개척한 김종서
WOW 한글 창제에 공을 세운 신숙주

단종을 따른 선비, 사육신과 생육신 ··· 59
WOW 사육신의 성삼문

시대를 잘못 만난 천재, 김시습 ··· 63
WOW 북한산의 다른 이름 '삼각산'

조선 법의 틀, 호패법과 『경국대전』 ··· 67
WOW 조선의 학자 강희맹

「경국대전」을 완성한 성종 ··· 71

훈구파와 사림파의 대결 ··· 74
WOW 천재 소년 서거정

연산군과 흥청망청 ··· 79

연산군 대에 일어난 무오사화, 갑자사화 ··· 83
WOW 성리학자 김종직

연산군을 몰아낸 중종반정 ··· 88
WOW 벌레가 갉아먹은 조광조의 꿈

우리나라 첫 서원, 소수 서원 ··· 93
WOW 우리나라 첫 주자학자 안향

사림파의 세력이 꺾인 을사사화 ··· 97
WOW 사림의 힘, 마을 자치 규약이었던 향약

왜구가 일으킨 삼포왜란과 을묘왜란 ··· 101
WOW 왜구란 누구인가요?
WOW 아주 가까운 섬 대마도

의적 임꺽정과 조선 3대 도적 ··· 106

7년에 걸친 전쟁, 임진왜란 ··· 110
- WOW 임진왜란의 주범 도요토미 히데요시
- WOW 도요토미 히데요시의 뒤를 이은 도쿠가와 이에야스

조선을 지킨 이순신 장군 ··· 115
- WOW 임진왜란의 3대첩

지방에서 중앙으로 돌아온 사림파 ··· 120
- WOW 십만 양병설을 주장한 율곡 이이

인조반정에 스러진 광해군의 중립 외교 ··· 124
- WOW 임진왜란 때의 임금 선조

「동의보감」을 편찬한 허준 ··· 129

청나라가 침략한 병자호란 ··· 134
- WOW 오랑캐 여진족이 세운 청나라

조선 왕이 무릎 꿇은 '삼전도의 치욕' ··· 137
- WOW 한양을 지키는 남한산성

북벌 정책을 추진한 효종 ··· 141

wow 『하멜 표류기』를 쓴 네덜란드인 하멜

숙종, 당파를 바꾸며 왕권을 강화하다 ··· 147

wow 백성을 위한 새로운 세금 제도, 대동법

영조, 탕평책으로 붕당 정치를 막다 ··· 151

wow 백성이 왕에게 직접 말하는 길, 신문고

뒤주에서 세상을 뜬 비운의 사도 세자 ··· 156

wow 어린이가 읽는 유학 책 『동몽선습』

다시 새로운 나라를 꿈꾼 정조 ··· 161

조선, 서양 문물과 실학을 만나다 ··· 165

농업·상업을 중시한 중농학파, 중상학파 ··· 170

wow 실학의 대가 이익
wow 거중기를 고안한 다산 정약용

신유박해로 서학을 누르다 ··· 174

wow 천주교와 바티칸 시국

외척이 나라를 휘두르는 세도 정치 … 179

홍경래의 난과 진주 농민 봉기 … 184

삼정 문란의 중심, 세도가 안동 김씨 … 189
WOW 가장 넘기 힘든 고개, 보릿고개

흥선 대원군의 개혁 정치 … 193
WOW 왕은 아니지만 왕의 아버지였던 대원군

서양 세력을 내쫓은 병인박해와 병인양요 … 198
WOW 우리나라 최초의 천주교 신부 김대건

외세를 몰아내고 척화비를 세우다 … 202
WOW 병인양요와 신미양요가 벌어진 초지진

불법적인 운요호 사건, 불평등한 강화도 조약 … 206

구식 군인에 대한 차별이 만든 임오군란 … 211
WOW 힘없는 나라의 설움이 드러난 제물포 조약

개화파의 삼일천하, 갑신정변 ⋯ 215
  WOW 갑신정변을 주도한 김옥균

사회를 바꾸려 했던 동학 농민 운동 ⋯ 220
  WOW 백성 스스로 탐관오리를 처단한 동학 농민 운동
  WOW 동학을 만든 최제우

근대화를 위한 조선의 노력, 갑오개혁 ⋯ 225
  WOW 민족의 얼이 실린 『독립신문』과 독립문

일제가 명성 황후를 시해한 을미사변 ⋯ 229

고종, 대한 제국을 선포하다 ⋯ 234

황제가 반대한 불법·무효의 을사조약 ⋯ 238
  WOW 의병 대장 신돌석

한일 합병 조약으로 나라를 빼앗기다 ⋯ 244
  WOW 을사오적, 매국노 이완용

3·1 운동, 전국 각지에서 일어나다 ⋯ 248
  WOW 영원한 누나, 유관순 열사

봉오동 전투와 청산리 대첩의 승리 ··· 254
🔴 홍범도 장군과 김좌진 장군

창씨개명과 일본군 위안부 ··· 258
🔴 조선인의 종교와 사상을 짓밟은 신사 참배

대한민국 임시 정부와 8·15 광복 ··· 263
🔴 독립운동가 백범 김구

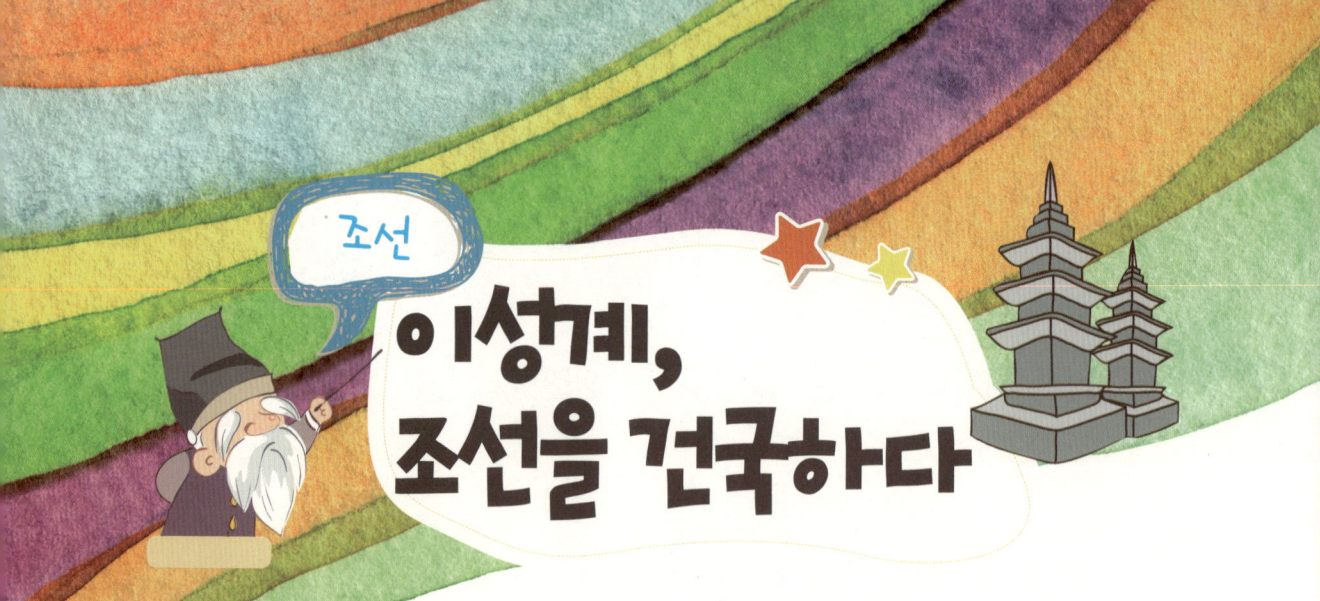

조선

이성계, 조선을 건국하다

5학년 1학기 사회 1. 하나 된 겨레
5학년 1학기 사회 2. 다양한 문화를 꽃피운 고려
5학년 1학기 사회 3. 유교 전통이 자리 잡은 조선

고조선을 계승한 나라, 조선

조선은 1392년에 이성계가 고려를 멸망시키고 세운 나라로, 1910년 일본의 침략으로 나라를 빼앗기기까지 519년간 이어졌어요. 조선은 태조 이성계에서 순종까지 스물일곱 명의 임금이 왕위를 계승하였어요.

조선 이전에 있었던 왕조인 고려는 14세기 후반에 이르러 권문세족이 나라를 좌지우지하면서 왕권이 약해지고 정치 체제가 불안했

조선을 세운
태조의 어진

어요. 다른 민족의 침입이 계속되면서 나라는 더욱 혼란스러워졌어요. 백성들은 점점 살기 힘들어질 수밖에 없었어요. 이때 함경도 관리의 아들로 태어난 이성계는 뛰어난 무술 실력으로 오랑캐인 여진족과 홍건적, 왜구 등을 물리쳐 명성이 높아지고 백성들의 지지를 받게 되었어요.

1388년, 명나라는 고려가 되찾은 땅을 돌려달라고 했어요. 그러자 고려는 명나라의 요동 땅을 정벌하려 했지요. 그때 이성계는 작은 나라가 큰 나라를 거역해서는 안 되고, 여름에 군사를 일으키는 것은 옳지 않으며, 전쟁을 일으켰다가 왜군이 침략하면 큰일이 나게 되는데다가 장마철이기 때문에 병사들이 병에 걸릴 수도 있다는 주장을 담은 '4불가론'을 내세우며 반대했어요. 결국 임금의 명에 따라 요동 정벌에 나선 이성계는 위화도에서 군대를 돌린 후 개경으로 돌아와 최영과 그의 부하들을 몰아내고 정권을 잡았어요. 이것을 '위화도 회군'이라고 해요.

그리고 이성계는 왕 씨가 중심이었던 고려를 멸망시키고 자신의 성인 이 씨를 중심으로 조선을 세웠어요. 이렇게 해서 1392년 7월 17일, 개성의 수창궁에서 왕위를 물려받으며 역성혁명을 완성했지요.

옛날에는 임금의 자리를 대개 아들이 물려받았는데, 아들이 물려받지 않고 임금과 성이 다른 사람이 왕이 되면 새 나라를 세우는 것으로 보았어요. 그래서 이성계의 조선 건국 혁명을 '바꿀 역(易)'과 '성씨 성(姓)'자를 써서 '역성혁명'이라고도 불러요.

조선을 세운 태조 이성계는 국가를 다스리는 기본 이념으로 유교를 삼고, 백성들의 생활 안정을 위하여 농업을 장려하는 정책을 적극적으로 추진했어요. 또한 도읍을 한반도의 중앙인 한양으로 옮겼어요.

'조선'이란 나라의 이름은 단군이 세운 고조선의 문화와 전통을 계승한다는 뜻을 담아서 만들어졌어요. 이 이름은 민족의식을 성장시키는 계기가 되었어요. 조선 이전의 고려라는 나라 이름은 고구려의 영광을 계승한다는 뜻이 담겨 있어요. 그래서 신라와 백제 사람들에게는 큰 호응을 얻을 수 없었어요. 하지만 '조선'이라는 새 나라의 이름은 신라인이든, 백제인이든, 고려인이든 모두가 다 같은 고조선의 후예였기 때문에 백성들 모두를 끌어안을 수 있었지요. 새 나라의 이름 덕분에 더 넓은 차원의 민족의식이 생겨나게 된 거예요.

붉은 수건을 써서 홍건적

중국 원나라 후기에 '한산동'이란 인물을 중심으로 활동하던 도적 집단이에요. 머리에 붉은 수건을 쓰고 다녔기 때문에 홍건적이라고 불렀지요. 이들은 1359년과 1361년, 두 차례에 걸쳐 공민왕이 다스리던 고려를 침범하였어요. 고려는 홍건적의 난으로 큰 피해를 입었어요.

17

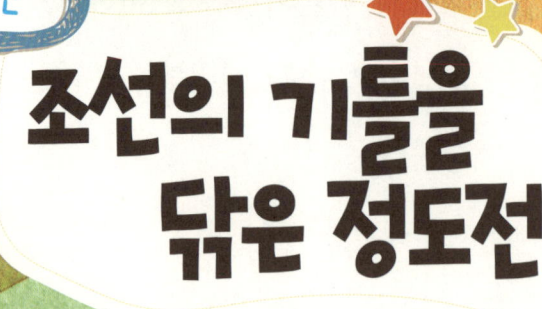

5학년 1학기 사회 2. 다양한 문화를 꽃피운 고려
5학년 1학기 사회 3. 유교 전통이 자리 잡은 조선

재상 중심의 나라를 꿈꾸다

정도전은 조선 건국의 기초를 닦은 조선 초의 문신이에요. 고려 말 경상북도 영주에서 태어난 정도전은 어려서부터 총명하고 학문을 좋아했어요. 그는 문신이었지만 무예도 뛰어났고, 성격이 활발했지요.

정도전은 1360년에 과거 시험에 합격하여 벼슬길에 올랐지만 권문세족의 친원 정책을 반대하다가 유배를 가게 되었어요. 유배

文憲公三峯鄭道傳像

재상 중심의 정치를
주장한 정도전의 초상

에서 풀린 뒤에도 벼슬을 얻지 못한 정도전은 고향으로 내려가 10여 년간 제자들을 가르치고 학문 연구에만 힘쓰며 지냈어요.

그러던 도중 1388년에 이성계가 위화도 회군으로 정권을 잡자, 정도전은 이성계를 찾아가 그의 참모가 되었어요. 그리고 이성계를 도와 조선을 건국하는 데 큰 공을 쌓았어요. 또 1392년 조선이 세워지자 나라를 유지하는 데 필요한 여러 가지 정책을 만들어 조선 왕조의 기틀을 닦는 데 힘을 보탰어요.

우선 정도전은 이성계와 함께 토지 개혁을 실시했어요. 권문세족들이 가진 넓은 농장을 빼앗고 관리들에게 토지를 나누어 주었어요. 토지를 직접 백성들에게 나눠 주려 했지만, 권문세족의 반대가 심했던 탓에 한 발 물러날 수 밖에 없었기 때문이지요. 또 조선 법전의 기본이 되는 『조선경국전』을 썼어요. 고려의 국교이기도 했던 불교를 비판하고 억눌렀으며, 새 나라인 조선의 국교로 유교를 내세웠지요.

정도전이 꿈꾸는 조선은 왕이 모든 걸 다스렸던 고려와 달리 재상이 정치를 이끄는 나라였어요. 임금의 자리는 특별한 사건이 없으면 임금의 첫째 아들이 물려받기 때문에 성군도 나오고 폭군도 나오는 경우가 있었어요. 성군이 나오면 문제가 없지만 폭군이 나

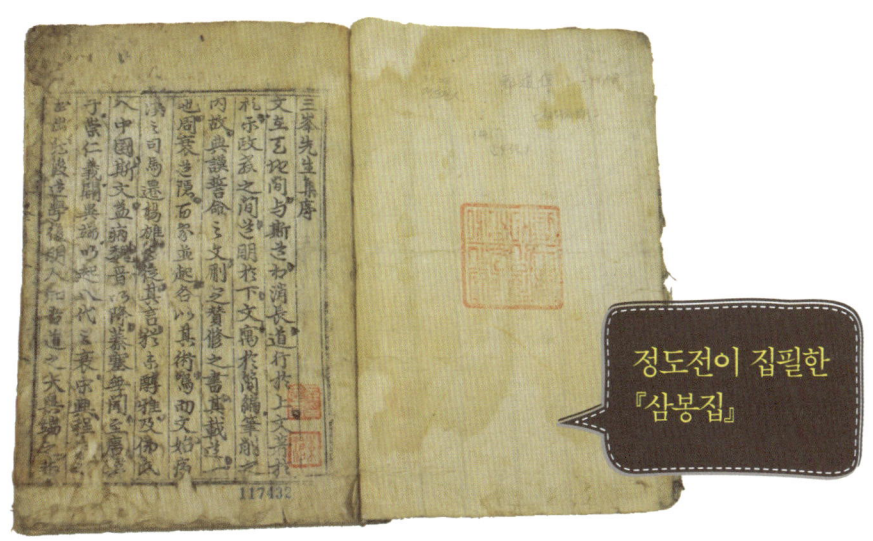

오면 나라가 엉망이 되고 백성이 불안해질 수밖에 없었지요. 그래
서 정도전은 임금 밑으로 총명한 신하인 재상을 뽑아야 한다고 생
각했어요. 임금이 아니라 재상이 정치를 주도적으로 이끌어가야
나라가 안정될 수 있다고 여긴 거예요.

정도전은 태조 이성계의 아들 중 욕심이 많은 사람이 임금이 되
면 조선은 임금 중심의 나라가 되고 말 거라고 생각했어요. 그래서
이성계의 아들 중에서 가장 힘없고 어린 방석을 세자로 만드는 일
에 참여했어요.

왕족들은 왕을 뒷전에 두고 신하가 정치를 하려는 정도전이 못
마땅했어요. "이 나라가 이 씨의 나라냐, 정 씨의 나라냐?"는 말까

지 들리자 왕족들의 불만이 거세지기 시작했어요. 왕권이 약해지는 것에 불안을 느낀 태조의 둘째 아들 이방원은 결국 걸림돌이 되는 정도전을 제거하였어요. 그러면서 정도전이 주장했던 재상 중심의 나라도 꿈으로만 남게 되었어요.

정도전의 글을 모은 『삼봉집』

『삼봉집』은 정도전의 글을 모아 펴낸 조선 시대의 문집이에요. 정도전은 고려 말에서 조선 초까지 살았던 학자이자 조선의 개국 공신이었지요. 『삼봉집』은 모두 14권 7책으로 되어 있어요. 시뿐만 아니라 「경국문감」, 「경국전」, 「불씨잡변」, 「경제문감」 등이 담겨 있어요. 또한 조선 왕조의 건국 이념을 연구하는 데 가장 귀중한 자료이지요.

조선

왕자의 난과 태종 이방원

5학년 1학기 사회 3. 유교 전통이 자리 잡은 조선

왕권 강화를 위한 태종의 노력

태종은 태조 이성계의 둘째 아들로, 1400년 임금의 자리에 올라 1418년까지 왕위에 있었던 조선의 제3대 임금이에요. 태종은 조선을 세우는 데 크게 이바지하고, 많은 제도를 정비하여 조선 왕조의 기틀을 세웠어요.

이방원은 조선을 세우는 데 많은 공을 세웠으나 그만큼 대접을 못 받고 있다는 것에 대해 불만이 쌓여 있었어요. 그러던 중 세자

23

태종의 어필

서울시 서초구에 있는
태종과 그의 부인
원경 왕후의 능인 헌릉

자리마저 정도전의 주도로 동생 방석에게 돌아가자 1398년에 제1차 왕자의 난을 일으켰어요. 이방원은 동생 방석과 방번, 그리고 동생들 편이었던 정도전, 남은 등 방해되는 신하들을 죽이고 권력 다툼의 주도권을 잡았어요.

이후 태조 이성계의 뒤를 이어 이방원의 형인 정종이 왕위에 올랐어요. 그러나 정종은 이방원의 허수아비에 불과했어요. 정종이 왕의 자리에 있긴 했지만 모든 권력은 이방원에게 있었지요. 정종은 동생에게 죽임을 당할지도 모른다는 생각에 이방원의 눈치를 볼 수밖에 없었지요. 이방원은 왕의 자리를 노리고 있던 넷째 형 방간과도 사이가 좋지 않았어요.

그러던 중 1400년에 방간이 군사를 일으켜 이방원을 물리치려 했고, 싸움 끝에 이방원이 승리를 거두었어요. 이것을 '제2차 왕자의 난'이라고 해요. 제2차 왕자의 난 이후 방간은 멀리 쫓겨나고, 정종은 왕위에 오른 지 1년 만에 이방원에게 왕의 자리를 물려주게 되었어요.

왕이 된 태종은 여러 가지 제도를 바꿔서 왕권을 강화하려고 했어요. 그래서 왕이 되자마자 사병 제도를 없앴어요. 또한 불교를 억제하고 유교를 받드는 정책을 펴서 전국에 있는 많은 절들을 없애고 절에 소속되었던 토지와 노비들도 빼앗았어요. 뿐만 아니라 백성들을 잘 관리하기 위해 양반, 관리, 농민에 이르기까지 국민 모두가 지금의 주민등록증과 같은 호패를 차도록 하는 호패법을 실시하였어요.

태종은 정종 때 만들었던 의정부를 없애기도 했어요. 의정부는 조선 시대 최고의 행정 기관이에요. 의정부에는 제일 높은 신하인 영의정·좌의정·우의정이 있어서 이들의 의견을 모아 국가 정책을 결정하였어요. 또 의정부 아래에 6조를 두어 국가 행정을 이끌어 나가도록 했어요. 하지만 태종은 영의정, 좌의정, 우의정이 나라의 정책을 결정하는 것이 못마땅했어요. 그래서 의정부를 없애 버리고 6조에서 직접 왕에게 보고하도록 한 거예요.

이렇게 왕권 강화를 위한 정책을 추진하던 태종은 1418년에 세자인 세종에게 왕위를 물려주고 몇 년간 국정에 참여하다가, 1422년에 숨을 거두었어요.

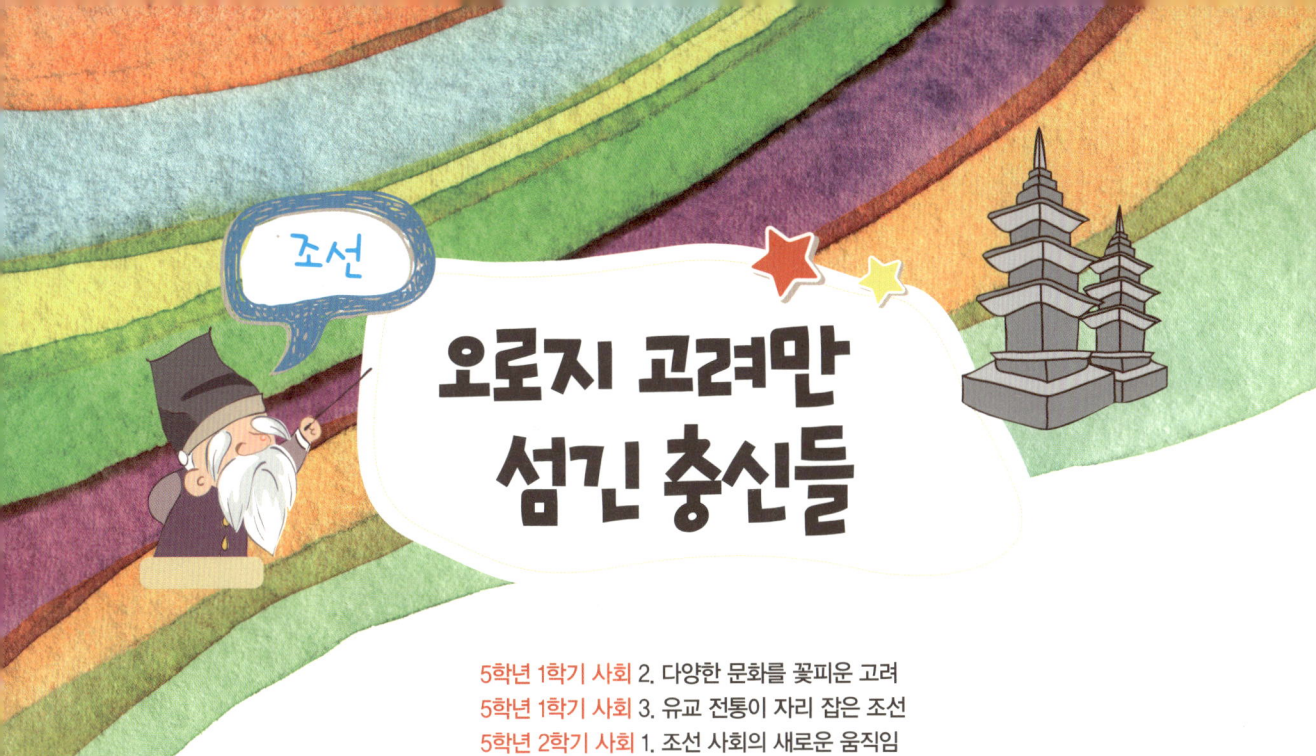

5학년 1학기 사회 2. 다양한 문화를 꽃피운 고려
5학년 1학기 사회 3. 유교 전통이 자리 잡은 조선
5학년 2학기 사회 1. 조선 사회의 새로운 움직임

두문불출의 유래, 두문동

두문동은 북한에 있는 경기도 개풍군 광덕산 서쪽의 골짜기에 있던 마을이에요. 500여 년 동안 외적의 침입을 받으면서도 버텨 왔던 고려는 위화도 회군 후 4년 만에 멸망했어요.

고려 왕조의 충신들은 고려에 끝까지 충성을 다하고 이성계가 세운 새 왕조 조선에서는 벼슬길에 오르지 않기로 했어요. 그래서 지조를 지키려고 다 같이 두문동으로 들어가서 마을의 동쪽, 서쪽

27

두문동 72명 선비 중
한 명인 성사제를
기리는 성사제신도비

에 문을 세우고 빗장을 걸고 밖으로 나가지 않은 채 외부와는 접촉을 끊고 살았다고 해요. 그렇게 골짜기로 들어간 사람은 맹호성, 조의생, 이경, 서중보, 신규 등 모두 72명이었어요. 하지만 아쉽게도 72명의 이름이 전부 전해지고 있지는 않아요.

태조 이성계는 이들의 재능을 아까워했어요. 그래서 두문동을 나와서 함께 조선을 일으키자고 설득했어요.

"두문동 선비들이 관직에 나올 수 있도록 이번에는 특별히 경덕궁에서도 과거 시험을 치르도록 하여라."

그러나 72명의 선비들은 아무도 과거 시험을 보지 않고, 경덕궁 앞의 고개를 넘어가 버렸어요. 화가 난 태조 이성계는 두문동을 포위하고 마을 전체에 불을 질러서 선비들을 몰살시켰어요. 이들을 가만히 내버려 두면 훗날 조선을 다스리는 데 크게 방해가 될 것이라고 생각했기 때문이에요.

그 후 조선 제21대 임금인 영조가 두문동을 지나면서 고려 신하들에 대한 이야기를 듣게 되었어요. 고려 충신들에게 감명을 받은 영조는 신하로 하여금 이들을 기리는 시를 짓게 했어요. 명령을 받은 신하는 "이들 고려의 충신들처럼 그들의 정신을 따라 배우길 바란다."는 시를 지었어요. 영조는 이 시를 두문동에 내리고 이곳에 그 충절의 뜻을 기리는 비석도 세우게 했어요. 또 그들에 대한 제사도 지내도록 했어요.

두문동에 대한 이야기는 조선 순조 때 72명의 선비 중 한 사람이었던 성사제의 후손 덕분에 지금까지도 전해지고 있어요. 성사제의 후손이 그의 조상에 관한 일을 기록한 『두문동실기』라는 책을 쓴 덕분이지요.

'두문불출'은 여기서 유래한 고사성어로, 두문동에 들어가 나오지 않는다는 뜻이에요. 요즘은 집에 틀어박혀 꼼짝 않고 나오지 않을 때 이 말을 많이 사용해요.

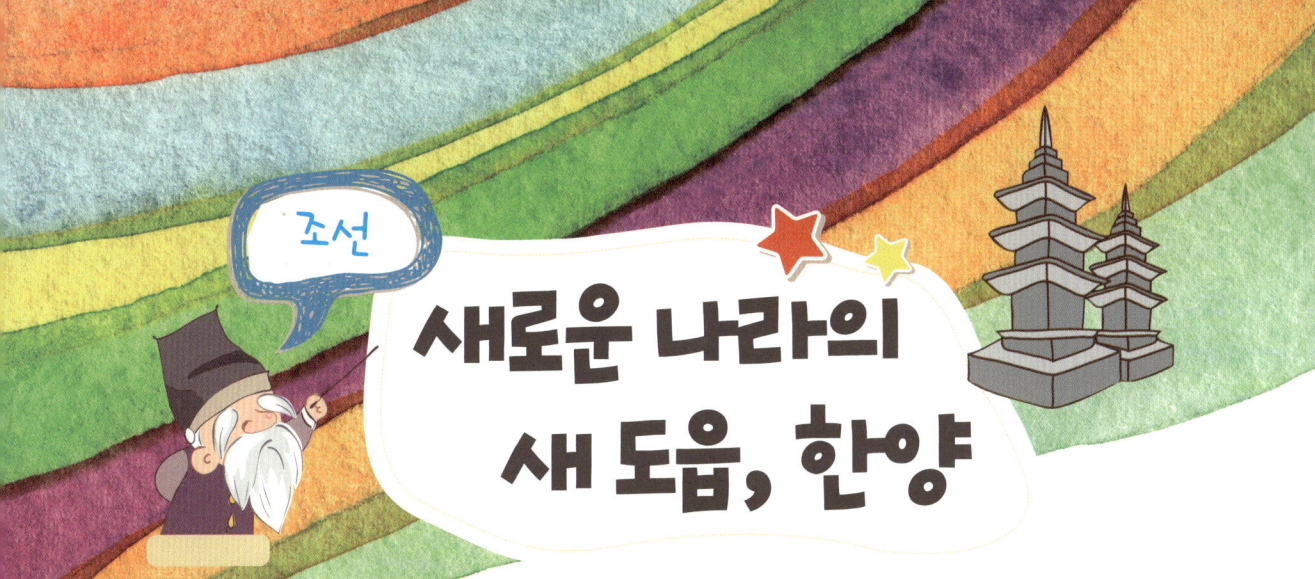

새로운 나라의 새 도읍, 한양

5학년 1학기 사회 3. 유교 전통이 자리 잡은 조선

함흥으로 계속 간 차사, 함흥차사

태조 이성계는 두 차례에 걸친 왕자의 난으로 아끼던 두 아들과 신하였던 정도전을 잃은 것에 크게 상심했어요. 그래서 왕자의 난을 일으켰던 주범인 둘째 아들 태종 이방원이 보기 싫었지요. 결국 이성계는 모든 것을 버리고 자신의 고향인 함경남도 함흥으로 내려가 버리고 말았어요.

임금에 오른 태종은 정치적 명분을 위해 아버지를 계속 데려오

태조의 스승
무학대사

려고 했어요. 그래서 아버지를 데려오는 임무를 맡은 차사를 계속 함흥으로 보냈어요. 하지만 함흥으로 간 차사는 그때마다 돌아오지 않았어요. 이성계가 차사를 잡아 죽이거나 혹은 가두어 돌려보내지 않았기 때문이에요. 이때부터 사람들은 심부름을 갔다가 소식도 없이 돌아오지 않는 사람을 '함흥차사'라 부르게 되었어요.

태조 이성계는 그 뒤에도 한양으로 돌아가지 않다가 무학대사가 찾아가자 그의 말을 듣고 한양으로 돌아왔어요. 무학대사는 이성계를 도와 조선을 세우는 데 아주 큰 공을 세운 스님으로, 일찍이 이성계가 왕위에 오를 것을 예견하기도 했어요. 그래서 태조 이성계가 스승으로 받들어 모신 인물이었어요. 또한 조선이 도읍을 한양으로 옮기는 데도 큰 역할을 한 사람이에요. 한양으로 도읍을 정하게 된 데는 다음과 같은 일화가 전해지고 있어요.

1392년 고려가 멸망하고 무학대사의 예언대로 이성계가 조선을 세워 왕이 되었어요. 어느 날 왕이 된 이성계는 깊은 잠에 빠졌어요. 그런데 꿈속에서 왕의 옷을 입고 왕관을 쓴 사람이 나타나 눈을 무섭게 뜨고 이성계를 노려보며 외쳤어요.

"네놈이 우리 자손을 모두 죽였으니 어찌 원한이 없으리오!"

이성계는 꿈에서 깨어났어요.

"분명 그자는 왕건일 거야. 안되겠다. 도읍지를 옮기자!"

안 그래도 이성계는 자신이 무너뜨린 고려 왕조의 도읍지를 계속 도읍으로 삼기에는 찝찝하다는 생각을 하고 있었어요. 그래서 이성계는 자신의 스승이자 꿈풀이를 해 준 무학대사에게 새로운 도읍지를 찾으라고 명령을 내렸어요. 태조의 명을 받들어 도읍지를 찾아 떠난 무학대사는 한참을 헤매다 딱 좋은 도읍지를 발견했어요. 그곳은 바로 계룡산이었어요. 그래서 태조는 그곳을 도읍지로 하려고 했어요. 그러자 이번에도 신선이 꿈에 나타나 태조에게 말했어요.

"이곳은 도읍지로 적합하지 못하니 다른 곳으로 옮겨라."

태조 이성계의 꿈 이야기를 들은 무학대사는 꿈이 옳다고 판단하여 다시 도읍지를 찾으러 갔어요. 그리고 드디어 한양을 도읍지로 정하게 되었어요. 한양은 바로 지금의 서울이에요. 조선 시대에 도읍을 두었던 곳을 대한민국이 되어서도 바꾸지 않고 수도로 사용하고 있는 것이지요.

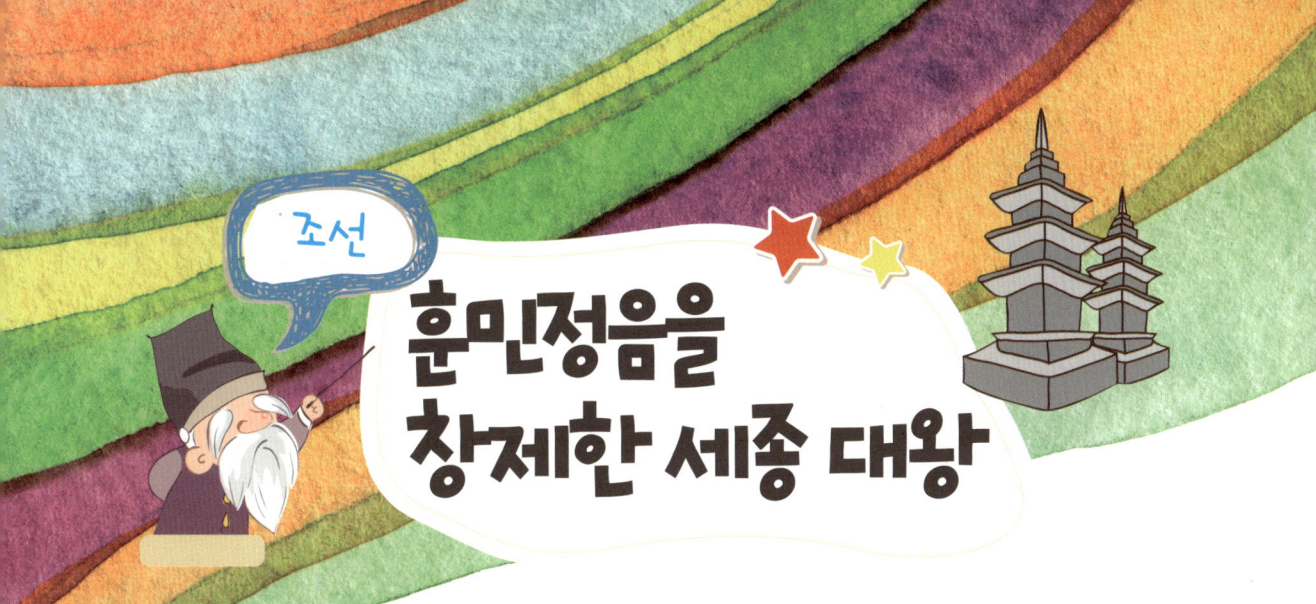

1학년 2학기 통합교과 우리나라 – 우리의 전통문화
5학년 1학기 미술 아름다운 우리 글씨
5학년 1학기 사회 3. 유교 전통이 자리 잡은 조선
6학년 2학기 국어 5. 언어의 세계

백성을 위한 정치를 펼친 위대한 임금

UN의 교육 과학 문화 기구인 유네스코는 1989년 6월에 지구촌
의 문맹 퇴치를 위해 노력하는 단체나 개인에게 주는 '세종대왕상'
을 만들었어요. 그런데 유네스코는 왜 상 이름에 세종의 이름을 붙
였을까요? 그것은 바로 세종이 가장 과학적이고 배우기 쉬운 글자
로 인정받고 있는 한글을 만들었기 때문이에요. 세종은 문맹 퇴치
의 상징으로 여겨지며 세계적으로도 높이 평가받고 있어요.

훈민정음을 만든
세종의 어진

세종은 누구나 잘 알듯이 우리 역사상 가장 위대한 임금이에요. 세종은 조선 제3대 임금인 태종의 셋째 아들로 태어났어요. 당시 맏아들이었던 양녕 대군이 임금 자리에 오르게 되어 있었지만 행실을 올바로 하지 못해 세자 자리에서 물러나면서, 세종이 태종의 뒤를 이어 1418년에 조선의 제4대 임금이 되었어요.

세종은 왕도 정치를 내세워 백성을 근본으로 하는 정치를 펼치고자 했어요. 그래서 유능한 인재를 널리 구하고, 황희 정승처럼 청렴한 재상을 관리로 앉혀 깨끗한 정치를 했어요. 또한 북쪽으로는 여진족을 정벌하고 남쪽으로는 왜구를 쫓아내면서 우리 영토를 확장하고 국방을 튼튼히 했어요. 뿐만 아니라 여러 가지 제도를 정비하고, 집현전을 설치하여 인재를 키우고 문화를 발전시키는 데 크게 기여했어요. 장영실 등을 등용하여 과학 기술도 놀라운 발전을 이루도록 했어요.

다른 무엇보다도 세종의 가장 큰 업적은 바로 훈민정음, 즉 한글을 만든 것이라 할 수 있어요. 훈민정음이란 백성을 가르치는 바른 소리라는 뜻으로 세종의 백성에 대한 사랑이 듬뿍 담긴 문자예요.

세종이 한글을 만들기 전, 우리 조상들은 한자로 글을 적었어요. 그러나 우리말을 한자로 옮기는 것은 너무 어려웠어요. 게다가 백성들이 배우기에 한자는 어려운 글자였어요. 세종은 백성들이 글을 제대로 쓰지 못하는 것을 안타깝게 여겨, 누구나 쉽게 배우고

덕으로써 백성을 다스리는 왕도정치

맹자가 주장한 정치사상으로 인과 덕을 바탕으로 도덕적 교화를 통해 백성을 순리대로 다스리는 통치 이념을 말해요.

쓸 수 있는 한글을 만들었어요.

하지만 한글을 만드는 것은 출발부터 어려움이 많았어요. 최만리 등의 학자들이 격렬히 반대했지만 세종은 뜻을 굽히지 않고 집현전 학사들과 함께 눈이 짓물러 한쪽 눈을 뜰 수 없을 때까지 연구했어요.

그 결과 1443년에 드디어 훈민정음이 창제되었지만 양반들에게 천대를 받았어요. 그래서 주로 부녀자들이나 하층민들이 쓰다가 지금에 와서는 위대하고 우수한 우리 글자로 평가 받으며 널리 쓰이고 있어요.

노비였던 조선 최고의 과학자 장영실(?~?)

조선 세종 때의 과학자로 원래는 관가에 속해 있던 노비였어요. 하지만 과학적 재능이 워낙 뛰어나 세종이 과학자로 뽑았어요. 간의, 혼천의 같은 천체 관측기와 앙부일영, 흠경각의 옥루와 같은 시계 그리고 세계 최초의 우량계인 측우기 등을 만들어 과학 발전에 공헌하였지요. 물론 세종의 큰 신임도 얻었답니다.

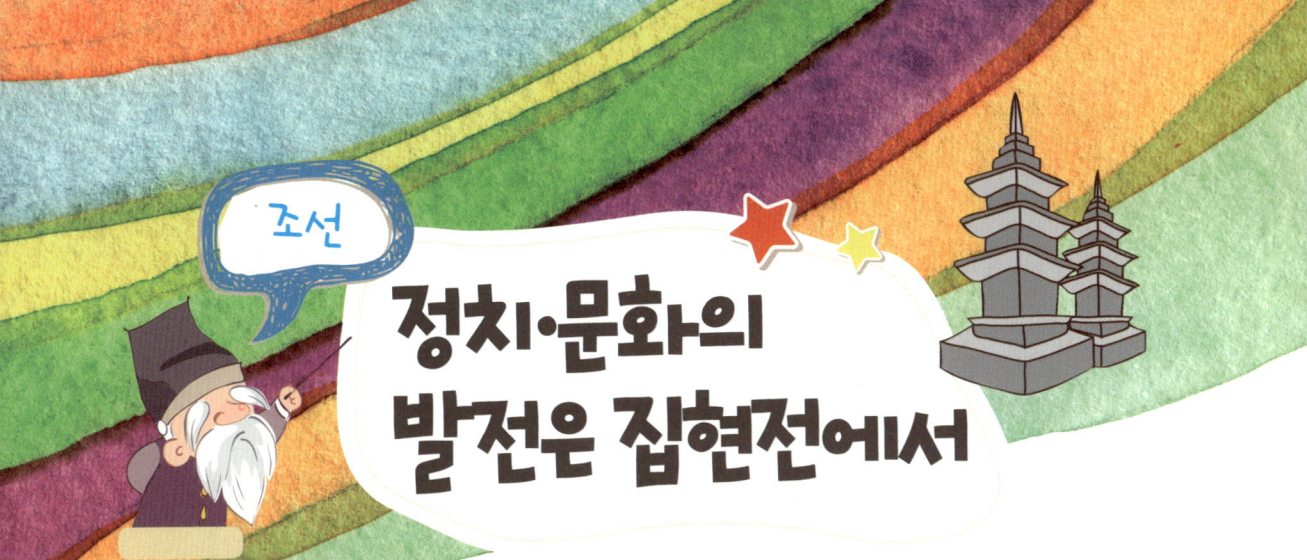

조선

정치·문화의 발전은 집현전에서

4학년 1학기 도덕 5. 자랑스러운 우리나라
5학년 1학기 사회 3. 유교 전통이 자리 잡은 조선
6학년 2학기 국어 5. 언어의 세계

학문을 갈고닦으며 지지곤곤 번창하리!

집현전은 세종이 학문 연구를 위하여 궁궐에 설치하였다고 알려진 학문 연구 기관이에요. 하지만 집현전이라는 기관은 세종 때 처음 만들어진 것은 아니고 고려 때부터 있었던 기관이라고 해요. 다만 집현전이 세종 때 최고의 전성기를 이루고 많은 업적을 남겼기 때문에 사람들 기억 속에 남은 거예요.

세종은 임금 자리에 오르자 실질적으로 학문을 연구할 수 있도

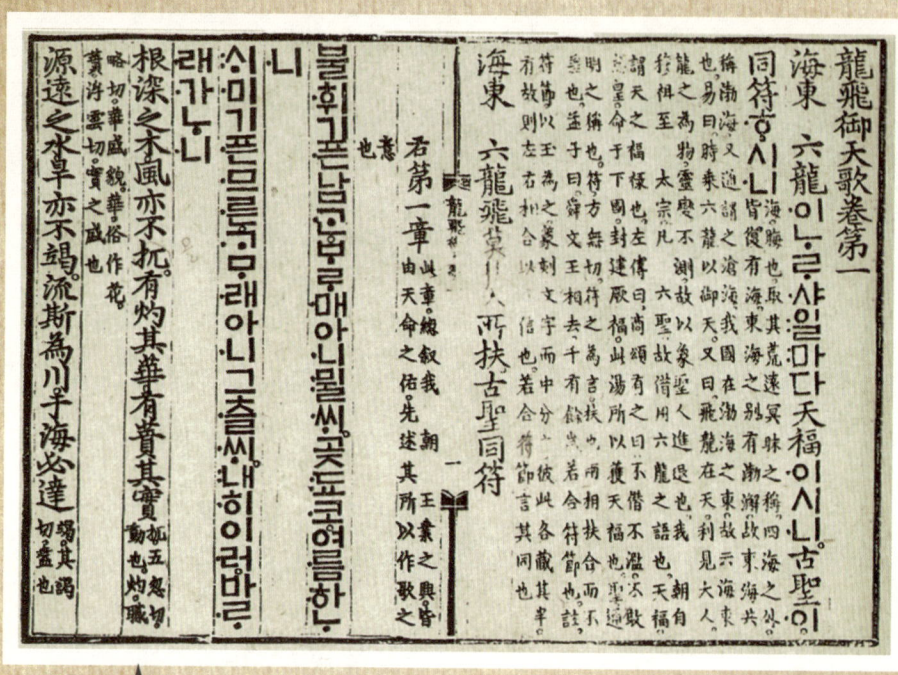

훈민정음으로 쓴 최초의
작품 『용비어천가』

록 집현전 조직을 확대하고 개편했어요. 그리고 많은 학자들로 하여금 집현전에 모여 학문에 힘쓰도록 했어요.

집현전의 중요한 업무 중 하나는 경연과 서연을 담당하는 것이었어요. 경연은 왕과 신하가 한 자리에 모여 서로 토론하면서 유교적 교양을 쌓는 일을 말하고, 서연은 왕이 될 세자를 교육하는 것을 말해요. 왕이 유교적 교양을 쌓아 바른 정치를 할 수 있도록 이끈 것이지요.

그 밖에 집현전 학자들은 『농사직설』, 『팔도지리지』, 『삼강행실』,

조선 팔도를 담은 지도 책 『팔도지리지』

조선 초인 1432년(세종 14년)에 맹사성, 윤회, 권진 등이 편찬한 전국 종합 지리 책이에요. 조세와 공물을 걷을 때 참고하기 위해 만들었지요. 『팔도지리지』에는 전국 팔도 모두 담겨 있었지만 지금은 경상도 지리 책만 남아 있어요. 「경상도지리지」라고 하지요. 비록 지금은 전하진 않지만 훗날 「세종실록지리지」를 편찬하는 데 많은 도움을 준 책이에요.

『용비어천가』 등 많은 책을 편찬하였어요. 이처럼 집현전은 세종 때, 우리 역사상 가장 훌륭한 문화 황금기를 이룩하도록 했어요. 또한 조선의 학문적 기초를 이루는 데 많은 역할을 했어요. 학자와 관료를 키워 내서 정치·문화의 발전을 가져올 수 있게 했어요.

『용비어천가』는 선조인 태조 이성계의 고조부 목조에서 태종에 이르는 6대의 행적을 노래하며 조선 왕조의 창업을 칭송하는 노래 책이에요. 한글로 엮은 최초의 책으로, 모두 125장에 달하는 서사시로 이루어져 있어요. 이 책은 세종의 명에 따라 정인지, 성삼문, 박팽년 등이 훈민정음을 사용하여 만들었어요. 『용비어천가』는 조선 건국의 유래가 아득하게 오래 되었음을 밝히고, 태조 이성계의 조선 건국이 하늘의 명에 따른 것임을 밝힌 다음 후세의 왕들에게 자손이 번창하기를 바라는 내용으로 이루어져 있어요.

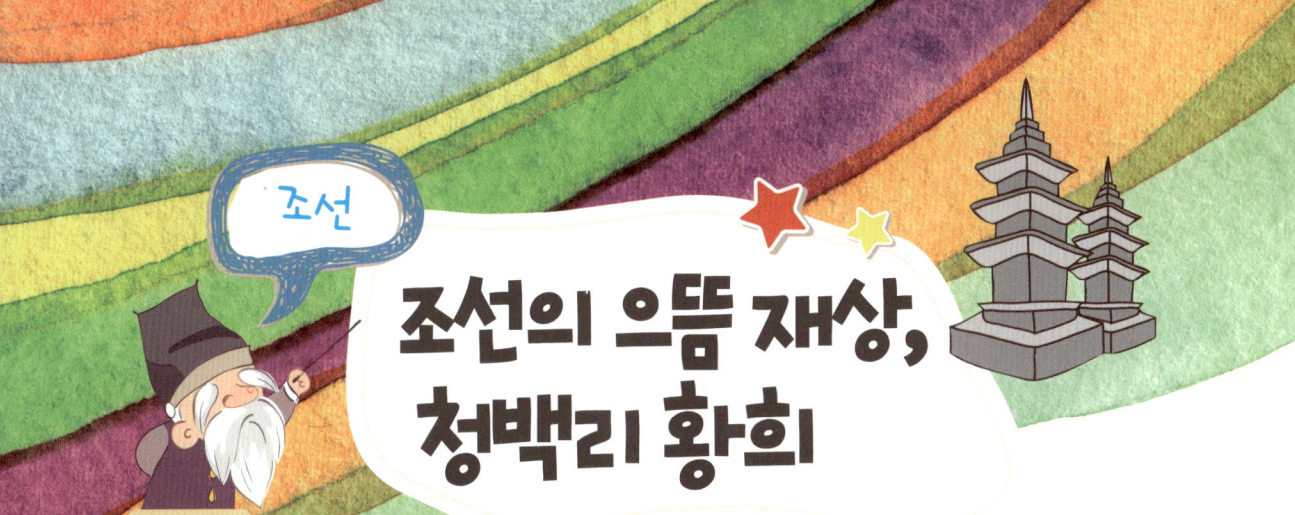

조선의 으뜸 재상, 청백리 황희

3학년 2학기 국어 6. 서로의 생각을 나누어요
5학년 1학기 사회 3. 유교 전통이 자리 잡은 조선

누렁 소와 검정 소에게서 얻은 깨달음

고려 말인 1363년에 태어난 황희 정승은 조선 초기 나라의 기틀을 다지는 데 아주 큰 공헌을 하여 조선 왕조 500년을 통틀어 가장 으뜸가는 명재상이라는 칭송을 받아요. 황희는 태종과 세종 그리고 문종에 이르기까지 세 명의 임금을 모셨어요. 그중에서도 특히 세종 시절에는 무려 18년간 영의정에 있으면서 훌륭한 인품과 청렴한 생활 덕분에 '청백리'라 불리며 많은 사람의 존경을 받았어요.

경기도 파주시에 있는
황희의 묘

청백리란 청렴하고 깨끗한 관리를 말하는데, 원래는 관직 수행 능력과 덕목을 모두 갖춘 관리를 뽑아서 붙여 주던 호칭이에요. 황희는 훌륭한 인품과 원만한 성격으로 많은 일화를 남기기도 했어요.

황희가 젊었을 적, 자신보다 높은 벼슬아치들의 미움을 받아 잠시 쉴 때 일이에요. 황희는 이 기회에 전국 유람이나 하며 견문을 넓히기로 하고 길을 떠났어요.

황희가 남쪽 어느 마을에 이르렀을 때였어요. 때는 마침 모내기 시기라 들판에는 사람들이 많이 흩어져서 부지런히 일을 하고 있었어요. 황희는 그 광경을 지켜보면서 땀을 식히려고 나무 그늘에 들어가 앉았어요. 그런데 맞은 편 논에서 늙은 농부 한 사람이 누렁 소 한 마리와 검정 소 한 마리를 부려 논을 갈고 있었어요. 황희는 한참 구경하다 그 농부가 가까이 오자 물었어요.

"누렁 소와 검정 소 가운데 어느 소가 일을 더 잘합니까?"

그 말을 들은 늙은 농부는 일손을 놓고 일부러 황희가 있는 그늘까지 올라오더니 황희의 귀에 대고 작은 소리로 말했어요.

"누렁 소가 더 잘합니다."

황희는 농부의 태도에 어이가 없었어요.

"그만한 일을 가지고 일부러 논 밖으로 나오신 거요? 또 귓속말

황희가 여생을 보낸
경기도 파주시의 반구정

까지 할 필요는 없지 않습니까?"

늙은 농부는 이 말에 얼굴을 붉히며 대답하였어요.

"두 마리가 다 힘들여 일하는데 어느 한쪽이 더 잘한다고 하면 못한다고 하는 쪽의 소는 기분 나빠 할 것이 아닙니까. 아무리 짐승이라지만 말은 함부로 하는 게 아니지 않습니까?"

황희는 농부의 말을 듣고 자신이 부끄러웠어요.

"감사합니다. 저에게 큰 가르침을 주셨습니다."

황희는 농부에게 큰절을 하고 진심으로 고마워하였어요. 이후 황희는 죽을 때까지 남의 단점이라고는 입 밖에 내지 않았어요. 그리하여 오늘날까지 훌륭한 정승으로 그 이름을 남기고 있는 것이에요.

어느 날은 하녀 둘이 싸우다가 황희에게 와서 하소연하였어요. 한 하녀가 자기의 사정을 이야기하자 황희가 말하였어요.

"그래, 듣고 보니 네 말이 옳구나."

그러자 다른 하녀가 질세라 자기가 억울하다고 주장하였어요. 이를 들은 황희가 또 말했어요.

"그래, 듣고 보니 네 말도 옳구나."

그 광경을 지켜본 황희의 부인이 참다못해 말했어요.

"두 사람이 서로 다른 이야기를 하는데 둘이 다 옳다고 하시면 어떻게 합니까? 당연히 한 사람은 틀려야지요."

그러자 황희가 또 말했어요.

"듣고 보니 당신 말도 옳소."

하루는 어떤 이가 황희를 찾아와서 물었어요.

"저희 아버님 제삿날에 우리 집 소가 새끼를 낳았는데 제사를 안 드려야 되지요?"

황희가 말했어요.

"그러면 안 드려도 되지."

며칠 후 이번에는 또 다른 이가 황희를 찾아와서 물었어요.

"아버님 제삿날에 우리 집 돼지가 새끼를 낳았지만 제사는 드려
야겠지요?"

황희가 말했어요.

"그러면 드려야지."

이번에도 옆에 있던 부인이 또 왜 그렇게 대답하냐고 물었어요.
이에 황희 정승이 말했어요.

"제사 드리기 싫은 사람은 안 지내도록 하고, 제사 드리고 싶은

사람은 드리도록 했을 뿐이오."

　이러한 일화를 통해 황희의 지혜로움을 알 수 있어요. 황희의 일화는 현대를 살아가고 있는 우리에게도 생각할 거리를 많이 던져 주지요. 이처럼 훌륭한 삶을 살고 나라를 위해서 많은 일을 한 황희 정승은 나중에 모든 벼슬을 내려 놓고는 파주 강가에 '반구정'이라는 정자를 짓고 갈매기와 더불어 여생을 보내다가 1452년에 숨을 거두었다고 해요.

훌륭한 관리의 모범이 된 황희 정승(1363~1452)

조선 초 세종 때의 재상으로 18년간 영의정을 지냈어요. 농사법을 개량하고 예법을 개정하는 등 국가 제도의 정비에 힘썼던 인물이지요. 어질고 청렴하여 관리의 표본이 되었으며 세종이 가장 신임하는 재상으로도 명성이 높았어요. 많은 사람들에게 존경을 받았던 황희는 시문에도 뛰어나 자신의 글을 엮은 『방촌집』을 펴내기도 했어요.

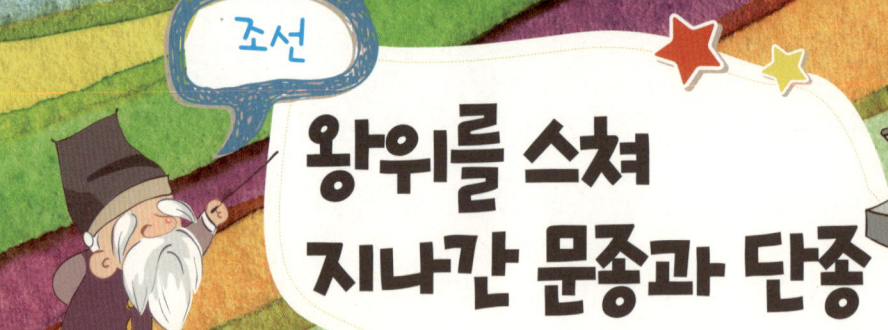

1학년 2학기 국어 5. 더 알고 싶어요
3학년 1학기 사회 2. 고장의 자랑
5학년 1학기 사회 3. 유교 전통이 자리 잡은 조선

일찍 세상을 뜬 세종 대왕의 아들과 손자

문종은 세종의 맏아들로 1450년에 왕위에 오른 조선의 제5대 왕이에요. 문종은 어렸을 때부터 인품이 훌륭하고 학문을 무척 좋아했다고 해요. 측우기를 만들 정도로 천문학에 뛰어난 능력을 보이기도 했어요. 문종은 1421년부터 1450년까지 무려 29년이라는 긴 세월 동안 왕세자의 자리에 있었어요. 왕세자 자리에 있던 도중 문종은 1442년에 세종이 병들어 눕자 아버지를 대신하여 나랏

일을 처리하면서 8년 동안 실질적으로 임금 역할을 하게 되었어요. 문종은 문신과 무신을 골고루 뽑아 쓰고, 민심을 파악하는 데 힘쓰면서 세종의 정치를 잘 도왔어요.

1950년, 세종이 죽고 문종이 왕위에 올랐어요. 문종은 그동안 세종을 도와 일을 해 본 적이 있었기에 곧바로 나라를 잘 다스렸어요. 문종은 『고려사절요』 등 역사책을 편찬하고 병법을 정비했어요. 또 하급 관리들의 의견도 소홀히 하지 않고 잘 들어주며 유연한 정치를 펴고자 노력했어요.

하지만 허약했던 문종은 왕세자 시절부터 많은 업무를 해내느

조선 시대에 쓴 고려 역사책 『고려사절요』

조선 초기에 쓴 고려 시대의 역사책이에요. 왕명에 따라 김종서의 지휘 아래 춘추관의 신하들이 모여 1452년(문종 2년)에 간행했지요. 『고려사절요』의 특징은 역사적 사실을 연대순으로 기록하는 편년체로 쓴 역사책이라는 데 있어요. 모두 35권 35책으로 되어 있으며 같은 시기에 편찬된 『고려사』에 없는 자료가 많이 수록되어 있지요.

강원도 영월군에 있는
단종의 능인 장릉

라 건강이 더욱 나빠졌어요. 결국 39세의 젊은 나이로 세상을 뜨고
말았어요.

그러자 문종의 아들 단종이 그 뒤를 이어 열두 살에 조선의 제6대
임금 자리에 올랐어요. 단종은 어릴 때부터 할아버지 세종의 칭찬이
자자했을 만큼 영리하였으나 매우 어렸기 때문에 나랏일에 대한 모
든 결정은 의정부의 신하들이 도맡아 하게 되었어요. 왕권은 약해지
고 작은아버지인 수양 대군의 세력은 나날이 커져만 갔어요.

수양 대군은 세종의 둘째 아들로, 임금 자리를 호시탐탐 노리고 있
었어요. 결국 1453년에 계유정난을 일으켜 조카 단종을 임금 자리에서

쫓아내고 자신이 왕위에 올랐어요. 수양 대군이 바로 조선 제7대 왕인 세조이지요. 쫓겨난 단종은 강원도 영월로 유배를 가게 되었어요.

후에 성삼문 등의 신하들이 세조를 몰아내고 단종을 다시 복위시키고자 했으나 실패로 돌아갔어요. 단종은 이 사건에 휘말려 열일곱 살의 어린 나이에 죽임을 당하고 말았어요.

다음 왕이 될 왕자, 세자

세자는 한 나라의 다음 왕이 될 '차기 왕위 계승권자'를 이르는 말이에요. 임금의 자리를 이을 임금의 아들을 뜻하지요. 세자는 임금의 큰아들이어야 했어요. 그러나 만약 큰아들이 먼저 죽거나 임금 자리에 오를 만한 인물이 아닐 경우에는 다른 아들이 세자가 되었지요. 대개 둘째 아들이나, 또는 여러 왕자 중에서 많은 사람들이 추천한 사람을 세자로 세웠어요.

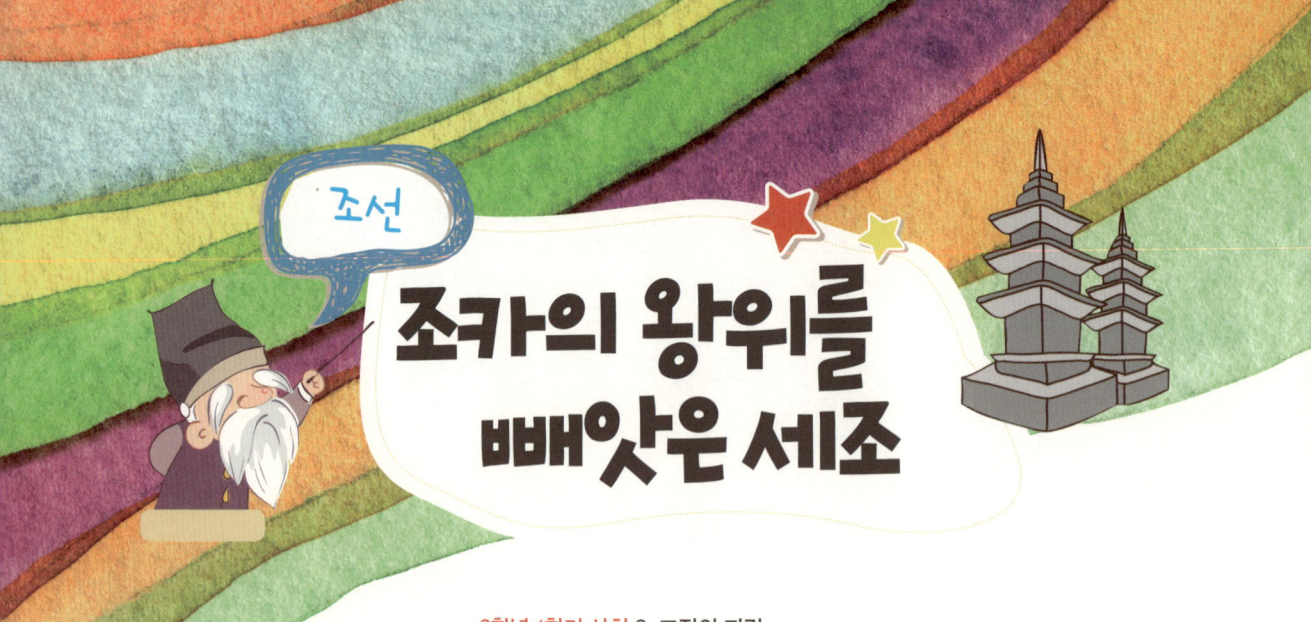

3학년 1학기 사회 2. 고장의 자랑
5학년 1학기 사회 3. 유교 전통이 자리 잡은 조선

단종을 섬긴 신하와 세조를 섬긴 신하

계유정난이란 1453년에 단종의 작은아버지인 수양 대군이 세력을 모아 단종 편에 섰던 김종서의 집을 습격하여 김종서를 제거한 사건을 말해요. 계유년에 일어나서 계유라는 말이 붙었지요. 그리고 정난은 나라가 처한 전쟁이나 위태로운 재난을 진정시킨다는 뜻이에요.

세종의 뒤를 이어 왕위에 오른 문종은 자신이 곧 죽을 것을 알고

충남 공주시에 있는
김종서의 생가 터

김종서 등을 불러 자신의 어린 아들을 잘 돌보아 달라고 부탁했어요.

얼마 뒤 문종은 세상을 떠나고 말았어요. 그러자 문종의 동생 수양 대군은 조카가 너무 어려 임금 노릇을 제대로 하기 힘들다고 판단하고 자신이 임금의 자리에 오르려고 했어요. 그래서 단종이 왕위에 오른 지 1년 만에 계유정난을 일으켜 조정을 장악했어요. 곧이어 수양 대군이 영의정 자리에 오르면서, 단종은 단지 이름뿐인 왕이 되고 말았어요.

6진을 개척한 김종서(1382~1453)

조선 초기의 문신이에요. 1405년 과거에 급제하여 여러 관직을 두루 거친 다음 함길도(함경도) 절제사가 되었어요. 김종서는 오랜 세월 조선을 침입해 왔던 여진족을 격퇴하고 오늘날의 함경북도 북변에 위치한 6진(경원, 경흥, 부령, 온성, 종성, 회령)을 개척했지요. 두만강을 경계로 한 조선의 국경선을 확정했고요. 그러나 1453년에 일어난 계유정난의 희생자가 되어 세상을 떠났어요.

결국 1455년에 단종은 한명회, 권람 등 수양 대군과 가까운 신하들의 강요에 못 이겨 수양 대군에게 왕위를 물려주게 되었어요.

한명회는 수양 대군이 세조가 되는 데 가장 큰 공을 세운 신하예요. 어릴 적 칠삭둥이로 태어난 한명회는 젊어서 여러 번 과거에 응시했지만 낙방하였어요. 그는 마흔 살이 다 되어서야 과거에 붙었지만, 겨우 낮은 벼슬자리에 올랐을 뿐이었어요. 하지만 수양 대군을 만나 자신이 가진 야망과 재능을 발휘하기 시작했어요. 한명회는 계유정난을 성공시키고 사육신, 생육신 등 수양 대군이 임금이 되는 데 방해가 되는 모든 세력을 제거했어요. 그 공으로 높은 벼슬에 올라 한 시대를 호령하였지요.

한명회는 역모자로 몰려 위기에 처하기도 했지만 이를 잘 극복하면서 권력을 놓치 않았어요. 세조가 죽고 나서 1469년 예종이 임금이 되었을 때는 다시 영의정의 자리에 오르기도 했어요. 예종이 갑자기 죽고 어린 성종이 임금이 될 때도 권력을 잃지 않을 정도였지요.

하지만 한명회도 공혜 왕후가 세상을 떠나자 권력에서 밀려났어요. 그리고 개인적으로 명나라 사신을 만난 것이 문제가 되어 관직을 빼앗겼어요. 그 후 한명회는 서울에 지은 자신의 정자 압구정

에서 쓸쓸히 노년을 보내다 세상을 떠났어요. 지금 서울의 압구정
이라는 동네 이름은 한명회의 정자 이름에서 따온 거예요.

한글 창제에 공을 세운 신숙주(1417~1475)

조선 초기의 문신으로 훈민정음 창제에 공을 세운 사람이에요. 또 언
어학자가 놀랄 만큼 언어에 대한 이해력이 뛰어났지요. 그는 예조 판
서와 병조 판서를 여러 해 동안 지냈는데 이런 일은 매우 드물었다고
해요. 그만큼 신숙주의 국제적 안목과 국방 같은 실무에 관한 능력이
뛰어났던 것이지요. 하지만 단종을 저버리고 세조를 따른 것에 대해
서는 비난받기도 한답니다.

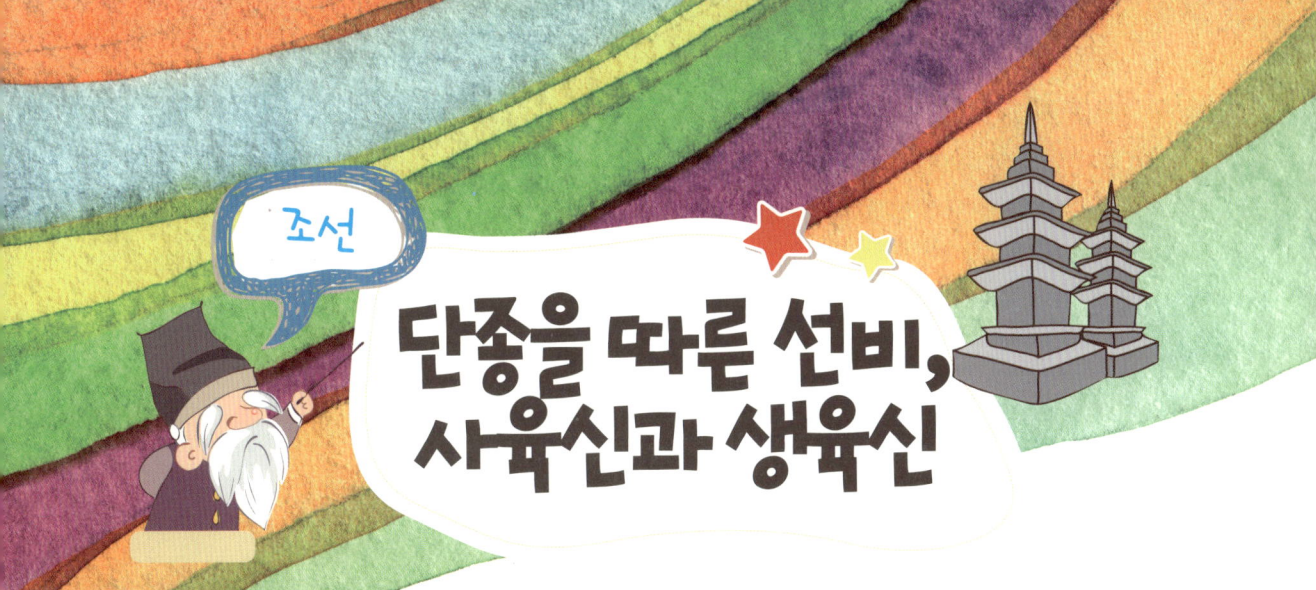

4학년 1학기 도덕 5. 자랑스러운 우리나라
5학년 1학기 사회 3. 유교 전통이 자리 잡은 조선

충절의 대명사가 된 지조 높은 선비

　사육신이란 세조가 조카를 몰아내고 왕이 된 것에 반발하여 단종 복위를 꾀하다가 죽은 여섯 명의 신하를 말해요. 사육신으로는 성삼문, 박팽년, 하위지, 이개, 유성원, 유응부가 있어요. 이들은 세조를 없앨 기회를 노리다가 마침 창덕궁에서 연회를 베푼다는 사실을 알게 되었어요.

　"조카를 몰아내고 왕 자리에 오르다니 가만 둘 수 없소. 조만간

사육신묘의 사당

창덕궁에서 명나라 사신을 맞이하는 연회가 열린다고 하니, 그때 임금을 죽입시다."

"좋은 생각입니다. 저도 그 뜻을 같이 하겠습니다."

"저도 따르겠습니다."

하지만 이 계획은 실패하고 말았어요. 일이 불리해지자 뜻을 같이 했던 김질, 정창손 등이 세조에게 이들의 계획을 일러바쳤기 때문이었어요. 세조는 성삼문 등을 고문하였으나, 모두 뜻을 굽히지 않았어요. 결국 성삼문, 박팽년, 유응부, 이개는 불살라 죽임을 당하고 하위지도 참살되었으며, 유성원은 자신의 집에서 자살을 하고 말았어요.

생육신이란 단종 복위를 위해 활동하지는 않았지만 세조 밑에서 벼슬을 하지 않고 절개를 지킨 여섯 명의 신하를 뜻해요. 생육신으로는 김시습, 원호, 이맹전, 조려, 성담수, 남효온이 있어요. 생육신은 세조가 왕위에 오르자 벼슬이 있어도 벼슬을 그만두거나 아예 벼슬길에 나가지 않고 세조를 비난했어요. 이들은 귀머거리나 소경인 체하며 집에 틀어박혀 밖으로 나오지 않았다고 해요. 혹은 큰 소리로 슬프게 울면서 단종을 끝까지 추모하였다고 해요.

후에 사육신과 생육신은 충절의 대명사로 여겨지며 조선 선비

들의 모범이 되었어요. 그 뒤 조정에서도 시호를 내려주는 등 사육
신과 생육신을 높이 받들었지요.

사육신의 성삼문(1418~1456)

성삼문은 세종 때 활약한 문신이에요. 강직한 성품 덕분에 '매죽헌'이
라는 호가 붙었지요. 성삼문은 집현전 학사로 세종대왕을 도와 훈민
정음을 만들었어요. 또한 훗날 세조가 단종을 몰아내고 왕위에 오르
자, 단종에 대한 충정을 지키며 단종의 왕위 복위를 준비했어요. 하지
만 결국 실패하고 체포되어 처형당한 '사육신'의 한 사람이 되었답
니다.

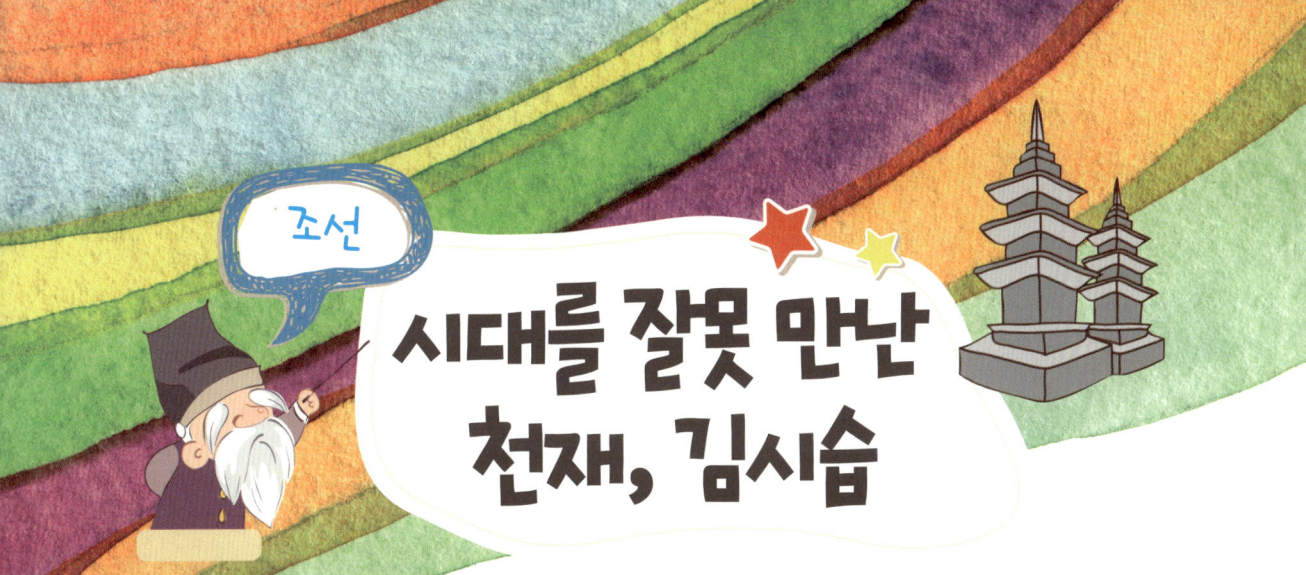

조선

시대를 잘못 만난 천재, 김시습

4학년 1학기 사회 1. 우리 지역의 자연환경과 생활 모습
4학년 1학기 도덕 5. 자랑스러운 우리나라
5학년 1학기 사회 3. 유교 전통이 자리 잡은 조선

우리나라 최초의 소설 『금오신화』

　김시습은 어려서부터 매우 총명했어요. 다섯 살이 되던 해에 세종을 만날 일이 있었는데 김시습은 그 앞에서 아주 멋지게 시를 한 수 읊었다고 해요. 이를 본 세종은 총명한 그를 기특하게 여겨 상으로 비단 50필을 상으로 내렸어요. 비단 50필이면 무거워서 어린 아이가 들고 갈 수 없는 무게였어요. 하지만 세종은 김시습의 총명함을 시험하기 위해 물었어요.

생육신 중 한 명인
김시습의 초상

"네가 이 무거운 것을 혼자 가져갈 수 있겠느냐?"

그러나 김시습은 자신만만하게 고개를 끄덕였어요.

"네, 가져갈 수 있습니다."

"그래 어디 보자, 이 무거운 것을 혼자 가져갈 수 있다는 말이지?"

다섯 살이었던 어린 김시습은 잠시 생각을 하더니만 비단을 풀러 모두 끝자락을 잇기 시작했어요. 그리고 줄줄이 묶은 비단을 자신의 허리에 묶고서는 집으로 갔어요. 이 모습을 본 세종은 김시습의 지혜에 감탄하며 그를 더욱 아꼈다고 해요.

세월이 지나 삼각산에 있는 절에서 김시습이 공부를 하고 있을 때였어요. 김시습의 귀에 세조가 단종을 몰아내고 왕위에 올랐다는 소식이 들려왔어요. 그러자 김시습은 엉엉 울며 말했어요.

"나라가 어지럽고 세상이 거꾸로 가는데 공부는 해서 무엇한단 말이냐!"

김시습은 그 길로 모든 책을 불태운 뒤, 머리를 깎고는 전국 각지를 떠돌아다녔어요. 그때 그의 나이는 스물한 살이었어요. 김시습은 벼슬길에 나가지 않고 전국을 두루 돌아다니며 백성들의 생활을 몸소 체험하며 많은 문학 작품을 남겼어요. 지금까지 남아서 전해진 그의 대표적인 작품이 바로 우리나라 최초의 소설로 인정되고 있는 한문 단편 소설집 『금오신화』예요. 『금오신화』속에는 「만복사저포기」, 「이생규장전」, 「취유부벽정기」, 「남염부주지」, 「용궁부연록」등 다섯 편의 소설이 담겨 있어요.

이 소설집은 김시습이 금오산 용장사에 살면서 지었다고 전해져요. 그래서 소설집의 제목도 『금오신화』라고 한 것이지요. 『금오신화』에 나오는 대부분의 단편 소설들은 신비로운 내용을 담고 있어요.

북한산의 다른 이름 '삼각산'

삼각산은 '북한산'의 다른 이름이에요. 서울 북쪽 외곽에서 경기도 고양시 사이에 있지요. 백운대, 인수봉, 만경대라는 봉우리 세 개가 있어서 삼각산이라고도 부른답니다. 조선 시대 산성과 행궁의 터가 남아 있어요.

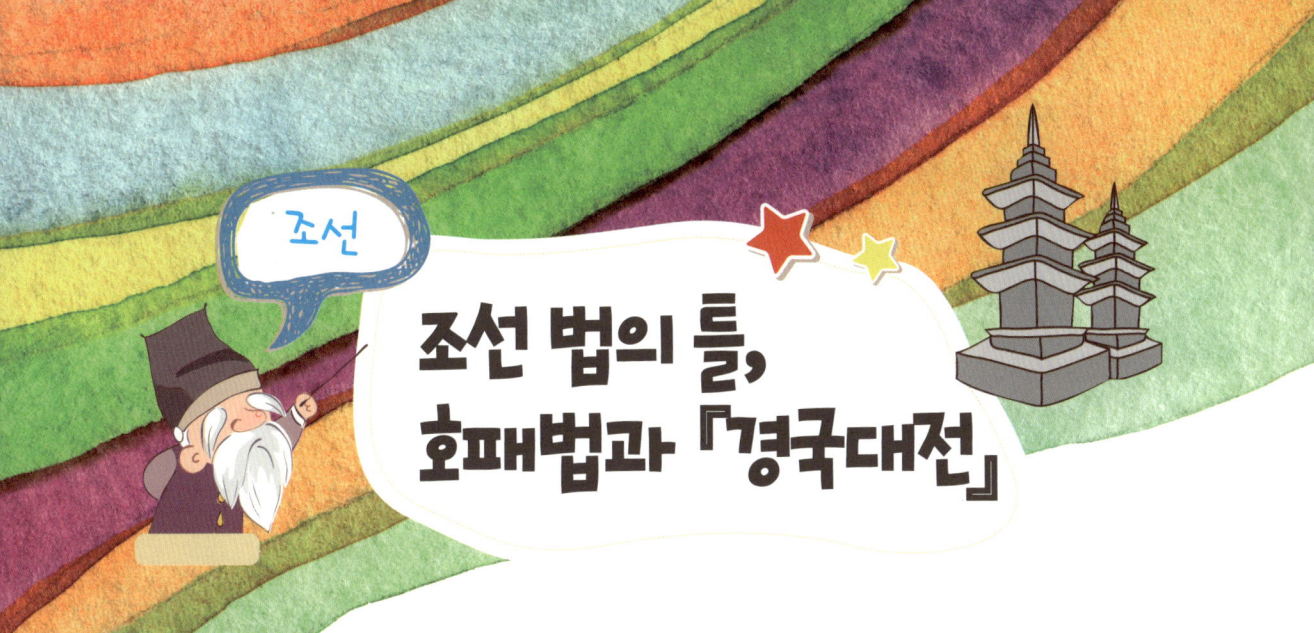

5학년 1학기 사회 3. 유교 전통이 자리 잡은 조선
5학년 2학기 사회 1. 조선 사회의 새로운 움직임

조선 왕조와 운명을 같이한 두 개의 법

호패란 조선 시대 열여섯 살 이상의 남성들이면 누구나 차고 다녀야 했던 지금의 주민등록증과 같은 것을 말해요. 호패에는 호패 주인의 신분이나 지위, 살고 있는 곳 등의 인적 사항이 담겨 있는데, 신분에 따라 호패에 적는 내용과 호패의 재질 등이 각각 달랐어요. 이 호패를 의무적으로 차고 다니도록 법으로 정한 것을 '호패법'이라고 해요.

조선 시대에
통치 기준이 된 최고의
법전인 『경국대전』

호패법은 원래 1413년 태종 13년에 처음 시행되었어요. 하지만 제대로 시행되지 못하고 중단되었다가 1459년 세조 대에 와서 다시 시행되었어요. 하지만 그 후에도 여러 번 시행착오를 겪다가 조선 후기 숙종 때 이르러서야 널리 시행되었고, 조선 말엽까지 계속 시행되었어요.

호패법 시행이 여러 번 시행착오를 겪은 이유는 지금의 세금과 같은 '국역'을 양민들이 부담하기가 힘들었기 때문이에요. 생활이 어려웠던 양민들은 호패를 찬다는 이유로 각종 국역이 자신들에게 부과되는 것을 감당하기 어려워했어요. 국역의 부담을 견디지 못한 양민들 중 어떤 이들은 세금을 내지 않기 위해 노비가 되기도 했지요. 하지만 국가는 호패법을 통해서 효율적으로 국역에 필요한 인원을 파악하고 확보할 수 있었기에 호패법을 실행한 거예요.

신분을 증명하기 위하여
열여섯 살 이상의 남자가
가지고 다녔던 호패

『경국대전』은 조선의 통치 기준이 되는 최고의 법전이에요. 『경국대전』은 고려 말부터 조선 성종 초기까지 100년 동안 반포된 법과 그와 관련된 모든 것을 모아 놓은 법전이지요.

세조는 임금 자리에 오르자마자 당시까지의 모든 법을 전체적으로 조화시켜 조선의 모범이 될 법전 편찬 작업을 명령했어요. 그리하여 최항, 노사신, 강희맹 등이 『경국대전』의 집필을 시작했고, 이 책은 세조 때를 지나 1485년 성종 때 책으로 간행되었다고 해요. 그 후 『경국대전』은 여러 차례 수정되기도 했지만 골격은 유지하면서 조선 왕조와 함께 운명을 같이한 최고의 법전이 되었어요.

조선의 학자 강희맹(1424~1483)

조선 시대 세조 때의 문신으로 '운송거사'라고도 불려요. 인품이 겸손하고 꼼꼼했으며 맡은 일을 잘 처리해서 이조 판서와 좌찬성 등의 높은 벼슬을 지냈지요. 또 역사에 밝고 글 솜씨가 뛰어나서 나라에서 만든 『세조실록』, 『동국여지승람』 등의 책을 내는 데 참여하였어요.

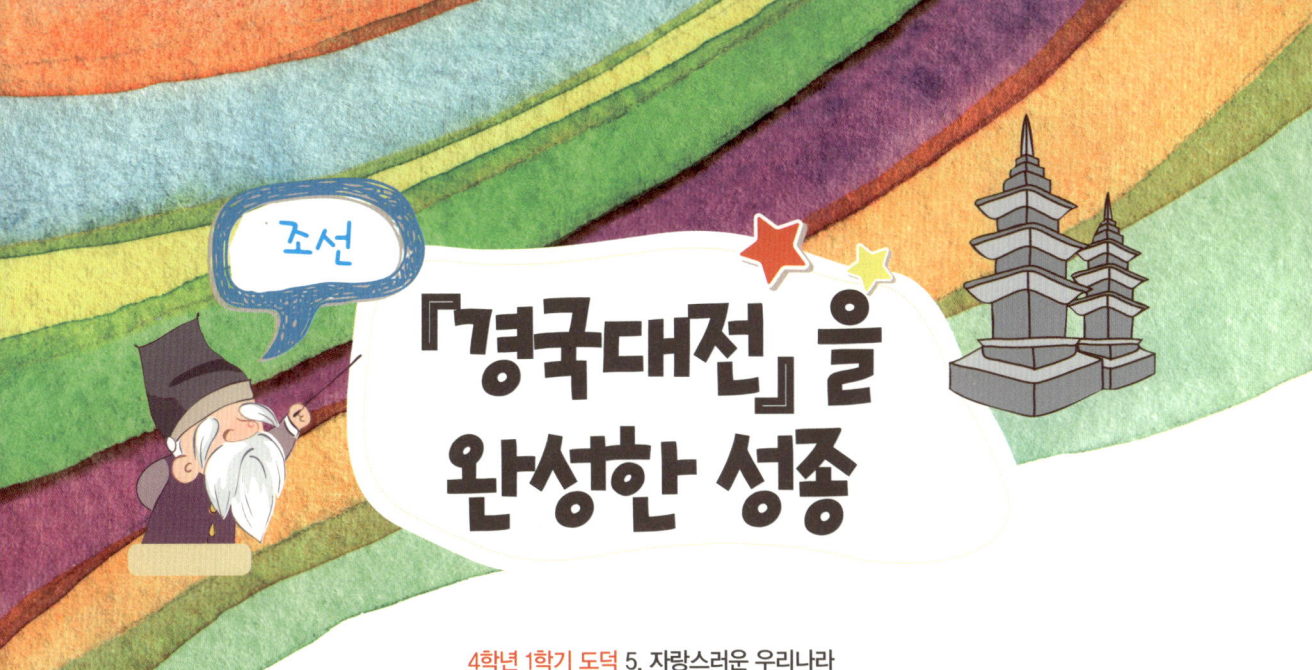

4학년 1학기 도덕 5. 자랑스러운 우리나라
5학년 1학기 사회 3. 유교 전통이 자리 잡은 조선

훈구파와 사림파를 모두 등용한 왕

성종은 조선 제9대 임금으로 1469년에서 1494년까지 약 25년 간 재위하면서, 왕권을 강화시키고 조선의 문물제도를 거의 완성시킨 임금이에요. 성종 때에는 나라가 편안하며 문화가 크게 발전했다고 해요. 세조가 죽고 나서 숙부인 예종이 임금 자리에 올랐어요. 하지만 예종은 임금 자리에 오른 지 14개월 만에 죽었어요. 예종이 죽고 다음 왕으로 예종의 맏아들을 올리려고 했지만 당시 예종

성종 때의 문신인
신숙주의 초상

의 맏아들은 나이가 겨우 세 살이었기 때문에 현실적으로 왕위를 잇기가 불가능했어요. 그래서 당시 한명회, 신숙주, 정희 왕후 등은 서로 상의하여 예종의 조카인 성종을 후계자로 지목하였어요. 하지만 당시 성종의 나이도 열세 살 밖에 되지 않았기 때문에 성종이 스무 살이 되기까지 정희 왕후가 수렴청정을 하였지요.

수렴청정이란 임금이 어린 나이에 즉위했을 때 임금이 성인이 될 때까지 일정 기간 동안 왕실의 여자 어른이 나라의 정치를 대신 처리하는 것을 말해요. 그렇게 수렴청정으로 7년을 보내고 성인이 되어서야 비로소 임금으로 독립적인 의사를 결정할 수 있게 된 성종은 그 후 많은 정치적 업적을 남겼어요.

성종의 여러 업적 중에서도 대표적인 것은 조선 시대 정치의 기준이 된 최고의 법전인 『경국대전』을 완성하고 이를 세상에 알린 것이에요. 또 『동국여지승람』, 『동국통감』, 『동문선』, 『악학궤범』 등을 편찬하고 간행했어요. 뿐만 아니라 국방에도 힘을 쏟아 두만강과 압록강 쪽에 있던 여진족을 몰아내기도 했어요. 그리고 왕권을 강화시켜 나갔어요.

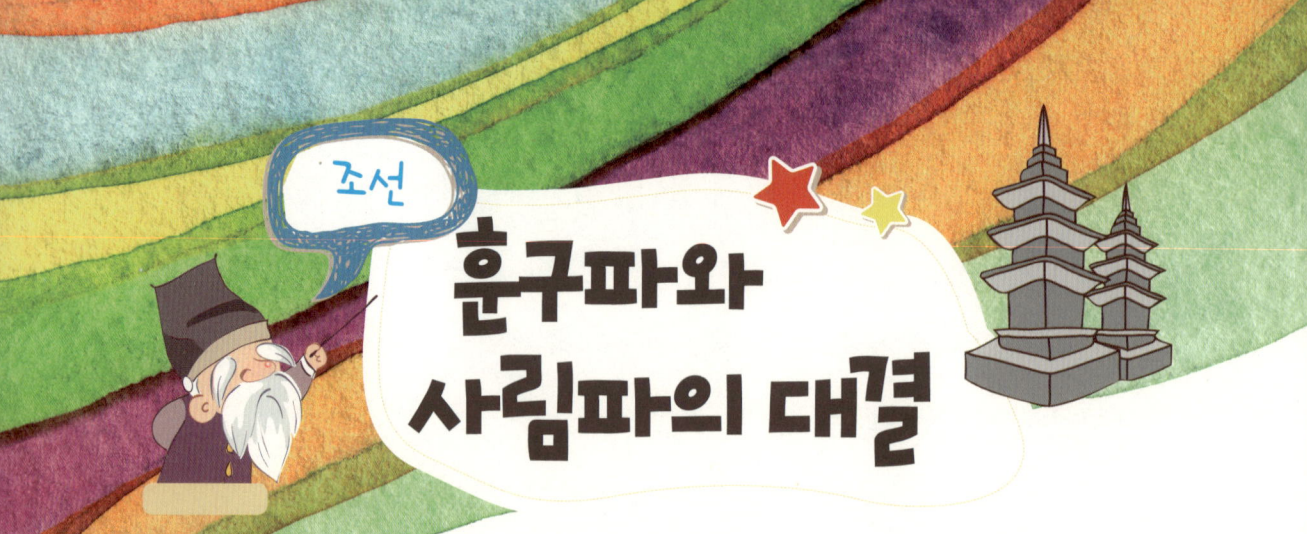

훈구파와 사림파의 대결

5학년 1학기 사회 3. 유교 전통이 자리 잡은 조선

물과 기름처럼 섞일 수 없었던 두 당파

훈구파는 단종을 몰아내고 세조가 임금 자리를 차지할 때 세조를 도와 정치적 권력을 차지한 사람들의 무리를 말해요. 이들은 각종 제도와 문물을 정비해 조선 왕조의 기틀을 마련하기도 했어요. 훈구파는 세조가 임금이 되는 데 큰 공을 세웠기 때문에 모두 다 높은 관직을 얻었어요.

이들 가운데 일부는 왕실과 혼인 관계를 맺어 자신들의 지위를

훈구파 서거정의 필적

유지하였어요. 대부분 관직에 있었기 때문에 훈구파는 문서를 작성하거나 서적을 펴내는 등 정치에 있어 현실적으로 필요한 능력을 중시했어요. 또한 훈구파는 많은 토지를 차지하고 있었는데 양민들에게 돈을 받고 땅을 빌려 줘서 농사를 짓도록 했어요.

부와 명예를 다 얻은 훈구파는 점차 현실에 안주하면서 변화를 적극적으로 받아들이기보다는 전통적인 것을 유지하려는 성향을 띠게 되었어요. 그러면서 사치를 일삼고 부패해 갔어요. 대표적인 훈구파로는 한명회, 신숙주, 서거정 같은 사람들이 있어요.

사림파는 고려 말 조선을 세우는 데 나서지 않고 당시 유명한 학자였던 길재의 학풍을 이어받아 지방에 머무르면서 학문 연구와 교육에 힘쓰던 문인들을 말해요. 사람들은 이들을 선비의 숲에서 학문에 힘쓴다고 하여 '사림파'라 불렀어요.

사림파는 지방에서 영향력을 행사했어요. 사림파는 훈구파와 달리 성리학의 원칙을 중시했어요. 그래서 일상생활에 바로 쓰이는 학문보다는 유학 자체를 연구하고, 의리와 명분에 충실하려고 노력했어요. 대표적인 인물로는 김종직, 조광조, 김굉필 등이 있어요. 사림파는 훈구파가 부패를 일삼자 훈구파를 비판하며 현실 정치에도 관심을 갖게 되었어요.

마침내 성종은 훈구파와 맞서기 위해 지방에 있던 사림파를 중앙 정부로 불러 정치를 하게 했어요. 사림파는 이제까지 권력을 잡고 있던 관료들인 훈구파와 학문적 입장과 정치적 입장이 달라 대립하게 되었어요. 사림파의 등장으로 훈구파는 자신의 권력과 안전에 위협을 느끼면서 이들과 맞서게 되었어요.

그러나 훈구파는 연산군이 임금이 된 뒤 무오사화, 갑자사화 등을 통하여 사림파를 누르고 정치적 주도권을 굳건히 해요. 중종반정 이후 기묘사화에서도 훈구파가 승리하였고, 명종 때에 일어난

사림파를 대표하는
김종직의 초상

을사사화에서 사림파를 누르고 실권을 완전히 장악해요.

하지만 정치적 싸움에서 계속 패하던 사림파는 선조 이후 비로소 훈구파를 몰아내고 정권을 잡게 되었고, 훈구파는 몰락하게 돼요.

천재 소년 서거정(1420~1488)

조선 초기의 학자로 성리학을 비롯하여 천문, 지리, 의약, 풍수 등에도 밝았던 사람이에요. 글쓰는 데 어린 나이부터 두각을 드러내 스무 살이 되기도 전에 과거에 합격했지요. 서거정은 특히 시 짓는 솜씨가 좋았어요. 또 역사책, 지리 책, 문학 책 등을 주도하여 만들었지요. 그뿐만이 아니라 『동문선』, 『필원집기』를 비롯한 많은 문화적인 업적을 남겼어요.

연산군과 흥청망청

5학년 1학기 사회 3. 유교 전통이 자리 잡은 조선

어머니의 억울한 죽음에서 비롯된 포악한 정치

연산군은 조선의 제10대 임금으로 1494년부터 1506년까지 왕위에 있었어요. 성종의 맏아들로 태어난 연산군은 일곱 살에 왕세자로 책봉되었어요. 그리고 성종이 죽자 열아홉 살의 나이로 왕위에 올랐어요. 처음에는 연산군도 아버지 성종처럼 나라를 잘 다스리려고 노력했어요. 특히 나라를 지키는 일에 관심을 기울여 여진족과 왜구를 막기 위해 무기를 만들고, 굶주린 백성을 구하기 위해

연산군이 유흥을 즐기는 곳에
일반인들이 드나드는 것을
금지하기 위해서 세워 놓은
연산군 시대 금표비

상평창을 설치하기도 했어요.

그러나 연산군은 그의 어머니인 윤 씨가 억울한 죽음을 당했다는 사실을 알고부터 점차 포악한 임금으로 변해 갔어요. 이후 나랏일은 제쳐 두고 대궐에서 술 마시고 춤추는 데 온통 시간을 다 보냈고, 날이 갈수록 사나워졌어요.

또 두 차례의 사화를 거치며 폭군으로 돌변하고 말았어요. 어머니인 윤 씨가 성종의 후궁인 정 씨와 엄 씨의 모함으로 내쫓겨 죽임을 당했다고 해서 자기 손으로 두 후궁을 죽이는 짓을 저지르기도 했어요. 뿐만 아니라 할머니 인수 대비가 꾸짖자 포악한 언행으로 인수 대비를 병상에서 죽게 만들었고, 장례를 치를 때에도 삼년상 대신 25일상을 치러 백성들과 유학자들로부터 많은 비난을 받았어요. 또 한명회 등을 부관참시하기도 했어요.

그러자 견디다 못한 신하들이 연산군에게 청했어요.

"전하, 나라가 혼란스럽고 어지럽습니다. 부디 포악한 정치를 거두고 나라를 잘 돌보아 주십시오!"

"에잇, 감히 누구 앞에서 이런 말을 해? 시끄럽다. 여봐라, 얼른 저놈을 귀양 보내라!"

이렇게 바른말을 하는 신하들을 모두 죽이거나 귀양 보낸 연산군은 이후 더욱 방탕한 생활에 빠져들었어요. 신하들의 바른말과 주장을 막기 위해 학자들이 많이 소속되어 있는 홍문관과 사간원을 없애 버렸어요. 또 이러한 그의 행동을 비판하는 한글 투서가 나돌자 한글 사용을 금지시키기까지 했어요.

이때 '흥청망청'이란 말이 나왔어요. 연산군은 성균관의 학생들을 쫓아내고 학문을 닦던 곳을 놀이터로 만들어 버렸어요. '흥청'이란 연산군이 성균관을 놀이터 삼아 놀 때 불러들인 춤과 노래를 담당하던 기생들을 말해요. 이렇게 나라를 망칠 정도로 엉망진창 정치를 하자 백성들은 흥청이라는 기생들에 빗대어 '이렇게 흥청거리다간 나라가 망하겠다.'고 말했어요. 여기서 흥청망청이라는 말이 생겼어요. 그래서 지금까지도 흥청망청은 흥에 겨워 마음대로 즐기거나, 돈이나 물건 따위를 아까운 줄 모르고 함부로 마구 쓰는 모양을 나타내요.

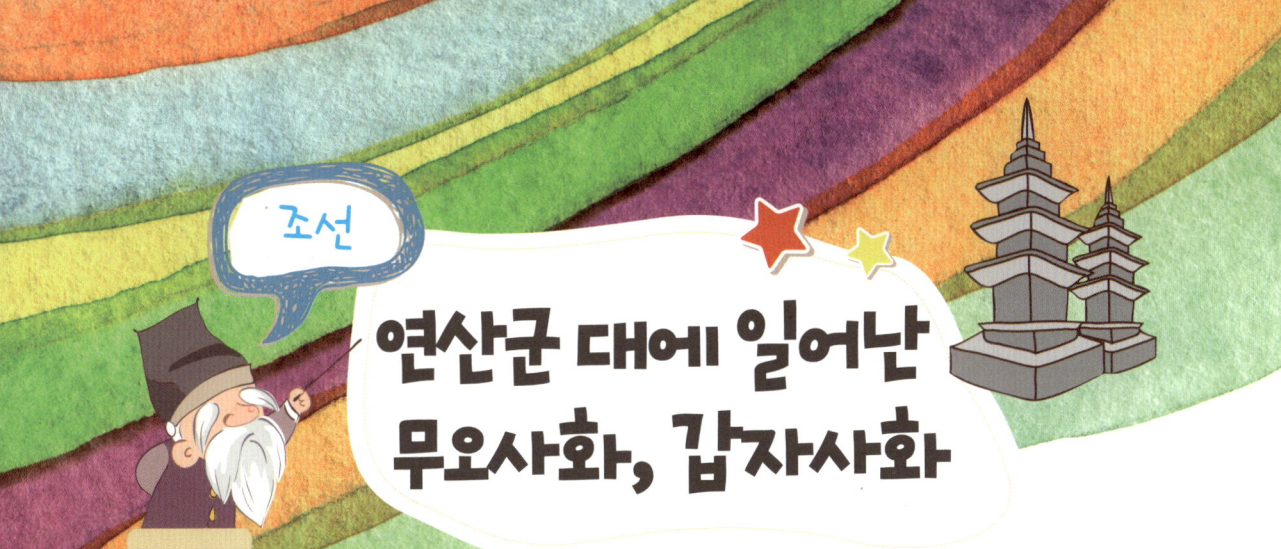

조선

연산군 대에 일어난 무오사화, 갑자사화

5학년 1학기 사회 3. 유교 전통이 자리 잡은 조선
5학년 2학기 사회 1. 조선 사회의 새로운 움직임
5학년 2학기 사회 2. 새로운 문물의 수용과 자주독립

조선 사회에 피바람을 불어온 사화가 시작되다

무오사화는 조선 시대에 일어난 네 번의 사화 중 첫 번째에 해당되는 것으로, 1498년 연산군 4년에 일어났어요. 무오사화는 오랫동안 권력을 잡고 있던 훈구파가 새로 떠오르는 세력인 사림파를 없애려고 계략을 꾸며 김종직을 중심으로 한 많은 사림파 사람들을 죽이거나 유배시킨 사건이이에요.

훈구파가 부정부패한 모습을 보이자, 연산군의 아버지 성종은

教旨
資憲大夫刑曹判書兼
知經筵春秋館事弘文
館提學同知成均館事
金宗直贈大匡輔國崇
禄大夫議政府領議政
兼領經筵弘文館藝文
館春秋館觀象監事贈
謚文忠公者
康熙四十八年二月　日

무오사화를 일으킨
김종직의 글씨

훈구파를 견제하기 위해 김종직을 비롯한 사림파를 등용했어요. 사림파는 주로 삼사의 관리가 되어 훈구파를 비판했어요. 훈구파에게 사림파는 눈엣가시였지요. 훈구파는 어떻게든 사림파를 정치에서 몰아내려 했어요. 이러한 훈구파와 사림파의 갈등은 사화의 원인이 되었어요.

두 세력 사이에 갈등이 깊어지던 중, 훈구파는 사림파 김종직이 세조가 단종을 몰아내고 왕이 된 것을 비난하고 단종을 추모하며 쓴 「조의제문」이라는 글을 발견했어요. 또한 김종직은 훈구파인 유자광을 남이 장군을 무고하게 죽인 자라며 비난하였어요.

유자광 등 훈구파는 세조를 임금으로 만들어 벼슬에 오른 사람들이 대부분이라 이 일을 가만두지 않으려고 했지요. 유자광은 김종직이 세조를 비방한 것은 큰 죄를 저지른 것이라고 「조의제문」을 연산군에게 알렸어요. 세조의 증손자인 연산군은 사림파를 가만두면 안 되겠다고 생각했지요. 그래서 이미 죽은 김종직을 부관참시했어요. 또 많은 사림파 사람들을 죽이거나 벼슬을 빼앗는 등 탄압하였어요. 이 일로 훈구파는 다시 정계를 장악하였고, 사림파는 힘이 약해졌어요.

갑자사화는 1504년, 연산군의 친어머니인 윤 씨의 죽음과 얽혀서 일어난 사화예요. 연산군의 친어머니 윤 씨는 질투가 심해서 왕비가 해서는 안 될 일을 많이 했어요. 이를 계기로 성종의 어머니 인수 대비는 성종으로 하여금 윤 씨를 왕비 자리에서 쫓아내도록 하였고, 윤 씨는 결국 이듬해 사약을 받고 숨을 거두었어요.

연산군은 왕이 되어서도 이 사실을 까맣게 모르고 있었지만 출세를 노린 임사홍에 의해 친어머니 윤 씨가 어떻게 죽었는지 알게 되었어요. 격분한 연산군은 어머니 윤 씨가 왕비 자리에서 쫓겨나거나 죽음을 당할 때, 거기에 찬성한 사람을 모조리 잡아 들여 죽였어요. 이를 '갑자사화'라고 불러요.

연산군은 어머니 윤 씨를 모함하여 폐비가 되도록 하는 데 보탰던 성종의 후궁들을 잡아 들여 직접 때리기까지 했어요. 그리고 후궁의 아들들을 불러들여 두 후궁을 직접 죽이라고 명령하는 등 온갖 포악한 일을 일삼았어요.

연산군은 갑자사화를 빌미로 자신을 견제하는 모든 신하들을 제거하려고 했는데, 이때도 대부분의 세력이 사림파여서 사림파는 큰 피해를 입었어요. 두 번의 사화를 통해 연산군은 권력을 장악하게 되었지만 연산군의 포악함과 방탕한 생활에 신하들은 위기감을 느끼게 되었어요. 결국 박원종, 성희안 등이 군사를 일으켜 연산군을 왕위에서 몰아내고 성종의 둘째 아들인 진성 대군을 왕위에 앉혔어요.

성리학자 김종직(1431~1492)

조선 시대의 성리학자이자 문신이에요. 조선 초 성리학에서 큰 업적을 이룬 대(大)학자로 평가받지요. 또 조선 시대에 영남 지방을 중심으로 활동하던 성리학 학파인 '영남학파'를 대표했어요. 김종직의 문하생으로는 김굉필, 김일손, 남효온과 같은 뛰어난 학자가 많았어요. 김종직이 세조의 왕위 찬탈을 빗대어 지은 글인 「조의제문」은 훗날 무오사화가 일어나는 원인이 되었답니다.

연산군을 몰아낸 중종반정

5학년 1학기 사회 3. 유교 전통이 자리 잡은 조선

사림파의 정계 진출과 기묘사화

1506년에 훈구파 세력은 연산군을 몰아내고 대비 윤 씨의 허락을 받아 연산군을 강화도로 쫓아냈어요. 그리고 다음 날 경복궁 근정전에서 진성 대군이 왕위에 올랐어요. 그가 바로 조선 제11대 왕인 중종이에요. 연산군을 몰아내고 중종을 왕으로 추대한 사건을 '중종반정'이라고 해요.

왕위에 오른 중종은 훈구파 신하들에 의해 왕으로 추대되었기

중종이 왕위에 오른
경복궁 근정전

때문에 왕권이 약할 수밖에 없었어요. 그래서 이것을 극복하기 위해 왕도 정치를 내세우고 사림파와 손을 잡았어요. 왕도 정치란 덕으로 어진 정치를 하는 것을 말해요. 그래서 중종은 이를 명분으로 훈구파와 맞설 수 있는 사림파를 등용하였고, 그 대표적 인물이 바로 조광조였어요.

조광조는 학문에 통달했으며 나라를 개혁하려고 했지요. 조광조는 '왕은 덕으로 백성을 다스려야 한다.'는 '왕도 정치'를 중종에게 주장했어요. 또한 추천을 통해 새로운 인재를 뽑는 현량과를 실시하여 사림파를 대거 등용하고, 훈구파를 견제했어요. 중종도 조광조에 힘을 실어 주며 새로운 세력을 만들려고 했어요.

하지만 훈구파도 가만히 보고 있지만은 않았어요. 훈구파는 조광조를 몰아낼 계획을 세우고 음모를 꾸몄어요. 남곤이란 신하가 중종의 후궁을 시켜 나뭇잎에 꿀물로 '주초위왕'이라고 쓰게 했어요. 주초위왕은 조 씨가 왕이 된다, 즉 조광조가 왕이 된다는 뜻이에요. '주(走)', '초(肖)'란 두 글자를 합하면 '조(趙)' 자가 되었지요. 벌레들이 꿀물 발린 곳만 갉아먹자 나뭇잎에는 주초위왕이 선명하게 새겨졌어요. 남곤은 그것을 들고 중종을 찾아갔어요.

"아니, 감히 반역을 꾀하다니! 가만 둘 수 없다. 조광조를 얼른

전남 화순군의
조광조 유배지

잡아 오너라!"

나뭇잎을 본 중종은 크게 화를 내며 조광조에게 사약을 내렸어요. 사실 중종은 지나치게 개혁을 추구하는 조광조에게 약간 싫증을 내고 있던 터였어요. 조광조와 함께 사림파 대부분은 죽임을 당하거나 궁궐에서 내쫓겼어요. 이 사건이 바로 1519년 기묘년에 일어난 '기묘사화'예요.

벌레가 갉아먹은 조광조의 꿈(1482~1519)

조광조는 조선 중종 때 활약한 문신이자 성리학자예요. 부제학과 대사헌 같은 높은 벼슬을 지낸 인물이었지요. 조광조는 김종직의 학통을 이어받아 사림파의 우두머리가 되었어요. 하지만 오래되고 낡은 관습을 없애려는 급진적인 개혁을 추진하다가, 반대파인 훈구파가 일으킨 기묘사화 때 죽임을 당하였어요.

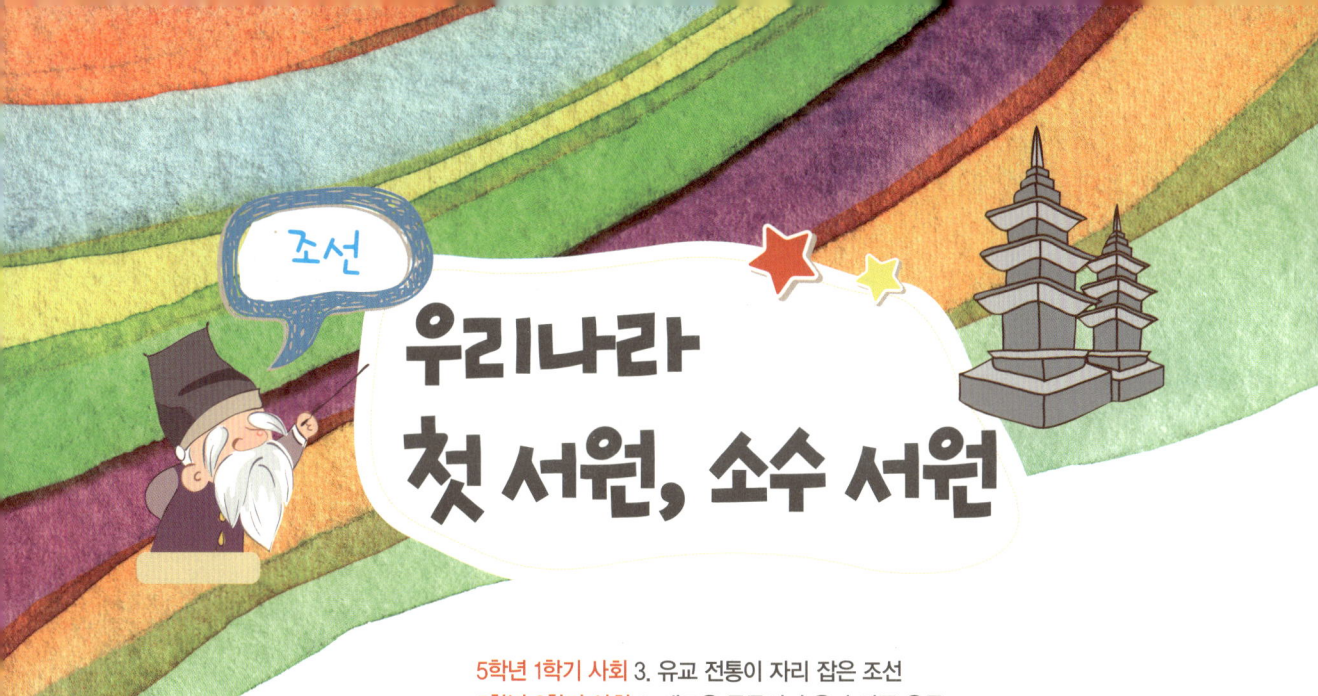

조선

우리나라 첫 서원, 소수 서원

5학년 1학기 사회 3. 유교 전통이 자리 잡은 조선
5학년 2학기 사회 2. 새로운 문물의 수용과 민족 운동

나라에서 인정한 서원이 첫걸음을 내딛다

경상북도 영주시에 있는 소수 서원은 우리나라 최초의 서원이에요. 서원이란 원래 조선 시대 선비들이 모여서 학문을 논하고 훌륭한 학자나 선비에게 제사를 지내는 곳이지요. 1543년 풍기 군수 주세붕이 고려 말의 학자 안향을 모시고 선비들을 가르치기 위해 우리나라 최초로 서원을 세웠어요.

소수 서원의 처음 이름은 백운동 서원이었어요. 하지만 임금이

경북 영주시에 있는
소수 서원

직접 소수 서원이란 이름을 지어 주어서 그 이름을 쓰게 되었어요. 이처럼 국왕이 직접 서원의 이름을 내려 준 서원을 '사액 서원'이라고 해요. 사액 서원으로 지정되면 서원에 필요한 책과 쌀, 돈, 노비 등의 경비를 국가에서 받았어요. 즉 사액 서원은 국가로부터 인정받은 정식 교육 기관인 거예요. 소수 서원은 우리나라 최초의 서원인 동시에 최초의 사액 서원이기도 해요.

소수 서원을 시작으로 조선 시대에는 많은 서원이 세워지게 되었어요. 그 수가 무려 680여 개에 달했다고 해요. 소수 서원은 영주 지방의 학문을 발전시키고, 안향의 학문과 덕을 이어 나가는 학문과 교육의 중심지로서 많은 인재를 배출했어요. 이곳에서 배출한 인재들은 조선을 이끌어 나가는 중요한 역할을 담당하였지요.

소수 서원이 보관하고 있는 책들은 우리에게 조선 시대 학문에 대해 연구할 수 있는 좋은 자료가 돼요.

소수 서원에는 현재 우리나라의 국보, 보물로 지정된 귀중한 그림과 유적이 많이 보관되어 있어요. 또한 소수 서원은 영주 지방 선비들의 친목을 다지고, 그들의 공통된 의견을 만들어 나가는 역할을 했어요. 선비들은 서원에 모여 국가의 정치에 대하여 이야기하거나, 때로는 국가의 정치가 올바르지 않으면 왕에게 상소를 올리기도 하였지요.

　이렇게 서원은 지방 학문의 중심이 되어 자리를 잡았어요. 하지만 나중에는 서원이 너무 많이 생겨서 올바른 기능을 하지 못하는 서원이 생기게 되고, 나라에 나쁜 영향을 미치게 되었어요. 결국 영조 때와 흥선대원군 때 서원들을 대폭 정리하게 되었어요.

우리나라 첫 주자학자 안향(1243~1306)

고려 충렬왕 때의 문신이자 학자예요. 당시의 개혁 세력이었던 지방 중소 지주 출신이었지요. 불교 성향이 강했던 고려에서 불교보다는 주자학을 적극적으로 수용했던 학자였어요. 또 한국 최초의 성리학자로 평가받고 있지요. 안향의 위패는 우리나라 최초의 사액 사원인 소수 서원에 모셔 놓았어요.

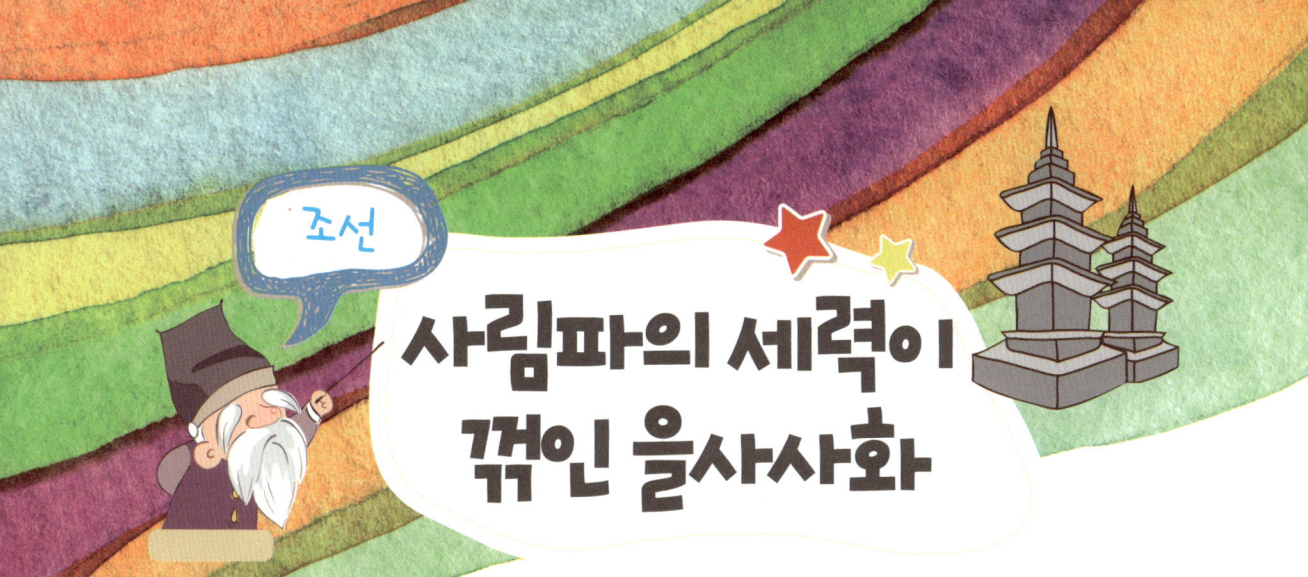

사림파의 세력이 꺾인 을사사화

5학년 1학기 사회 3. 유교 전통이 자리 잡은 조선

사림파, 중앙에서 지방으로 되돌아가다

중종의 뒤를 이어 왕위에 오른 인종은 임금 자리에 오른 지 8개월 만인 1545년에 병으로 죽고 말았어요. 그래서 열두 살 어린 나이의 명종이 임금의 자리에 올랐지요. 명종의 나이가 어린 탓에 어머니인 문정 왕후가 수렴청정을 하였어요. 한마디로 실질적인 권력은 문정 왕후가 잡게 된 것이지요. 이렇게 되자 문정 왕후의 남동생 윤원형은 이를 믿고 마음껏 권력을 휘둘렀어요.

97

문정 왕후의 태릉 앞에 세워진 무인석 축소판

죽고 사는 것이 윤원형의 손에 달렸다는 말이 오갈 정도로 그의 권세는 하늘을 찔렀어요.

사람들은 윤원형을 소윤이라고 불렀어요. 윤원형과 정치적으로 대립했던 사람들의 우두머리에 윤임이라는 사람이 있었기 때문이었어요. 윤임은 윤원형보다 나이도 많고 같은 성씨를 가지고 있었어요. 사람들은 두 사람을 구별하기 위해 윤원형을 소윤으로, 윤임은 대윤이라고 불렀어요.

을사사화는 1545년에 윤원형의 소윤 일파가 윤임의 대윤 일파를 몰아내면서 사림파가 크게 화를 입은 사건을 말해요. 인종이 임금 자리에 오르자 대윤 일파를 중심으로 한 사림 세력이 정계에 진출하게 되었어요. 하지만 인종이 임금이 된 지 8개월 만에 죽고 명종이 임금이 되자 이번에는 윤원형 등 소윤 세력이 권력을 잡고 대윤 세력은 모두 밀려나게 되었어요.

권력을 잡은 소윤 세력은 이를 기회로 어떤 수단과 방법을 쓰더라도 대윤 세력을 몰아내려고 했어요. 그래서 소윤 세력은 사림파였던 대윤 세력을 반역 음모죄로 몰아서 죽이고 유배 보냈는데, 이것을 '을사사화'라고 해요. 을사사화는 표면적으로는 윤 씨들끼리의 싸움이었지만 그 내면에는 훈구파와 사림파의 기나긴 대립이 자리 잡고 있어요. 그동안 훈구파와 사림파의 대립으로 네 차례나 사화가 일어난 것이 그 증거이지요.

사림파는 이 네 차례의 사화를 통해 큰 피해를 입고 세력이 약해졌어요. 하지만 이들은 서원과 향약을 통해 세력을 기르면서 선조 때 다시 중앙에 진출해 권력의 중심에 서게 돼요.

사림의 힘, 마을 자치 규약이었던 향약

조선 시대에 '권선징악'과 서로 돕고 사는 것을 목적으로 만든 향촌의 자치적인 규칙이에요. 중국 송나라에서 시행되었던 '여씨향약'을 본뜬 것으로 조광조를 비롯한 사림파가 주장해서 만들게 되었지요. 향약은 영·정조 때까지 전국 각지에서 활발하게 시행되었어요.

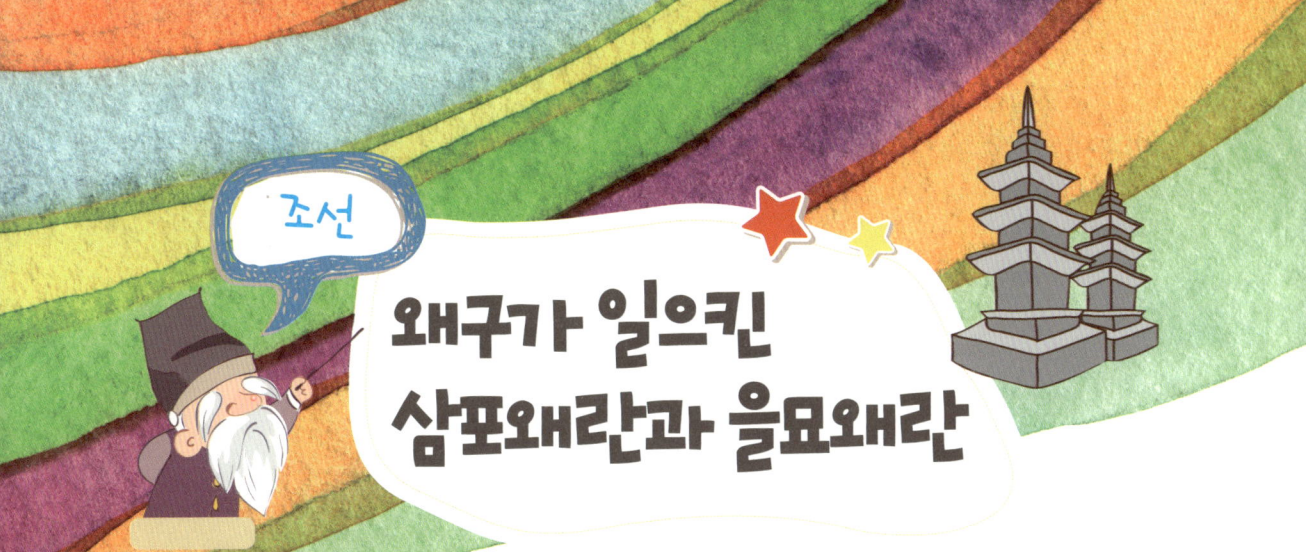

5학년 1학기 사회 2. 다양한 문화를 꽃피운 고려
5학년 1학기 사회 3. 유교 전통이 자리 잡은 조선

조선 백성을 괴롭힌 왜구의 침략

고려 후기부터 조선 시대까지 왜구는 조선 해안을 침략해 극성을 부렸어요. 왜구는 조선 해안을 침략해 재산을 빼앗아가고 백성들을 괴롭히거나 문화재를 훔쳐가기도 했어요. 그중에서도 중종 때의 삼포왜란, 명종 때의 을묘왜란이 큰 왜란으로 꼽혀요.

삼포왜란이란 1510년에 부산포, 내이포, 염포의 세 개의 항구, 즉 삼포에서 왜구가 대마도의 지원을 받아 일으킨 난을 말해요. 조

세종에서 중종에 이르는
동안 오랑캐를 물리친
역사를 기록한 『국조정토록』

선 초기에 세종은 왜구가 침입하지 않도록 하기 위해 왜구를 달래기로 했어요. 그래서 부산포와 내이포, 염포를 차례로 개방했지요. 또 왜구가 들어와 자신들의 거주지가 되는 왜관을 설치하고 거주하도록 허락하였어요. 이들은 이곳에서 물건을 사고팔았어요.

그러나 중종은 왜구에게 주던 혜택을 없애고 법 적용도 엄격하게 했어요. 그러자 불만이 쌓인 왜구는 1510년 중종 5년에 삼포에서 난을 일으켰어요. 많은 왜구는 조선 땅을 침략해 백성들의 집에 불을 질렀으며 우리 백성들까지 살해했어요.

결국 이 난으로 조선은 일본과의 교역을 완전히 끊어 버렸어요. 이렇게 되자 살기 어려워진 일본은 포로로 끌고 갔던 조선인을 돌려보내며 다시 외교를 요청했어요. 이에 조선은 일본과 교역을 다

왜구란 누구인가요?

13세기부터 16세기까지 중국과 우리나라 연안을 무대로 약탈을 일삼던 일본 해적이에요.

시 하게 되었어요.

을묘왜란은 1555년 왜구들이 전라남도 영암, 강진, 진도 일대에 침입해 약탈해 간 사건을 말해요. 삼포왜란 이후 왜구들은 1544년에 사량진에서 또 약탈 사건을 크게 일으켰어요. 조선은 이에 또다시 일본과의 외교를 단절하고 무역도 금지해 버렸어요. 조선이 무역선 출입을 엄격히 제한하자 조선을 상대로 장사를 하던 일본의 생활이 힘들어졌어요. 그래서 일본은 조선과의 무역을 더 늘릴 수 있도록 해 달라고 요구했지만 받아들여지지 않자 쳐들어왔어요.

을묘왜란은 그동안 있었던 왜구의 약탈 중 가장 규모가

아주 가까운 섬 대마도

대마도는 오늘날의 일본 나가사키 현에 속한 작은 섬으로 부산에서도 보일 만큼 가까운 곳에 있어요. 우리나라와 가장 가까운 일본의 섬이지요. 울릉도, 독도와 함께 우리 역사를 이야기할 때 빠지지 않을 만큼 많은 우여곡절이 있는 섬이에요.

큰 것이었어요. 조선의 군인들이 포로로 잡히는 등 처음에는 조선에 좋지 않게 상황이 흘러갔어요. 한때 마을들이 함락되는 등 위기가 있었지만 곧 조선군이 왜구를 무찔렀어요.

그러자 대마도를 다스리던 영주는 을묘왜란에 나선 왜구들의 목을 베어 보내고 조선에 사죄하면서 조선과 다시 무역할 수 있도록 허락해 달라고 빌었어요.

"여기 조선을 침략했던 왜구들의 목이 있습니다. 저희는 조선과 친하게 지내고 싶습니다. 조선과 무역할 수 있도록 해 주십시오."

"왜구들이 한 짓을 보아서는 무역을 끊음이 마땅하나, 왜인들의 사정이 딱하니 무역을 허락해 주겠소."

이렇게 조선과 일본의 무역이 다시 이어졌어요. 하지만 반복되는 왜구의 침략은 후에 대규모의 임진왜란으로 이어지게 되었어요.

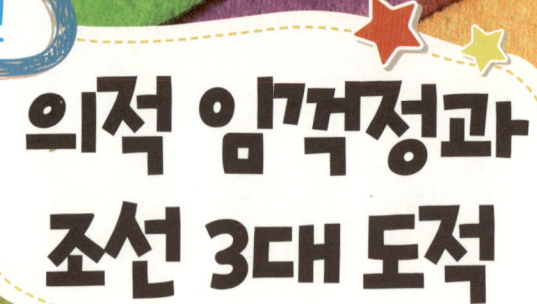

의적 임꺽정과 조선 3대 도적

5학년 1학기 국어 1. 문학의 즐거움
5학년 1학기 사회 3. 유교 전통이 자리 잡은 조선
6학년 1학기 국어 7. 즐거운 문학

탐관오리가 빼앗은 재물을 다시 백성에게!

임꺽정은 16세기 조선 중기 무렵, 양주에서 태어나 황해도와 함경도에서 활동하던 도둑이에요. 훔친 물건을 혼자만 가진 것이 아니라 어려운 백성들에게 나누어 주었기에 의적으로 불렸어요. 또 나중에는 농민들을 모아 난을 일으키기도 했어요.

임꺽정은 백정 출신으로 날 때부터 천하장사였다고 해요. 임꺽정은 황해도에 살고 있었는데 황해도는 사신들이 오가는 길목이

의적 임꺽정이 숨어
지냈다고 전해지는
강원 철원군의 고석정

었기 때문에 사신 접대비를 대느라 다른 지역에 비해 백성들의 부담이 컸어요. 게다가 권세가들은 자신의 힘을 이용해 백성들을 억압했어요. 이렇게 신분에 따라 차별 받는 세상에 분노한 임꺽정은 도적이 되었어요. 그리고 도적떼들을 모아 도적의 우두머리가 되었어요. 이들은 황해도 구월산 쪽에 본거지를 만들고, 황해도뿐 아니라 경기도, 강원도에 걸쳐 활약했어요.

임꺽정이 살던 때는 제13대 명종이 나라를 다스리던 때로, 관리들의 부패로 인해 나라가 혼란스러워지고 거듭되는 흉년으로 백성들은 점점 더 살기 어려워지고 있었어요. 임꺽정은 관아를 습격하여 창고를 털어 곡식을 백성들에게 나누어 주었어요. 그러자 백성들은 나라를 다스리는 관리보다는 임꺽정을 더 믿기 시작했고 관군의 움직임을 임꺽정에게 미리 알려 주었어요. 그래서 임꺽정은 잡히지 않고 오랫동안 활동할 수 있었어요.

그러던 어느 날, 문정 왕후의 생일 선물을 가지고 가는 관원 일행이 황해도를 지나게 되었어요. 관원들은 길을 가다가 임꺽정을 만나게 되었어요. 관원이 말했어요.

"네 이놈! 내가 누군지 알고 앞길을 막느냐? 죽고 싶지 않으면 얼른 비켜라!"

"하하! 내가 바로 그 유명한 임꺽정이다! 큰소리치지 말고 대왕 대비의 생일 선물이나 내놓아라! 순순히 내놓으면 너희의 목숨만은 살려 주마!"

"말도 안 되는 소리를 하는구나. 여봐라, 얼른 임꺽정의 목을 베어라!"

그러자 임꺽정은 단칼에 관원의 목을 베어 버렸어요. 그 모습을 보고 다른 관원들은 모두 급히 도망갔어요. 문정 왕후에게 바칠 선물들을 빼앗겼다는 소식에 조정이 발칵 뒤집혔지만, 정작 임꺽정은 태연하게 뺏은 물건들을 가난한 사람들에게 나눠 주었어요.

하지만 임꺽정은 결국 1562년에 동료였던 서림이 관가에 신고하여 구월산에서 잡히고 말았어요. 그리고 한양으로 보내져서 죽임을 당했어요.

조선 후기 실학자인 이익은 그의 책『성호사설』에서 조선의 3대 도둑으로 임꺽정과 홍길동, 장길산을 꼽기도 했어요. 백성들은 의로운 도둑이었던 임꺽정을 그리워했고, 그의 이야기는 오늘날까지 전해져 오고 있어요.

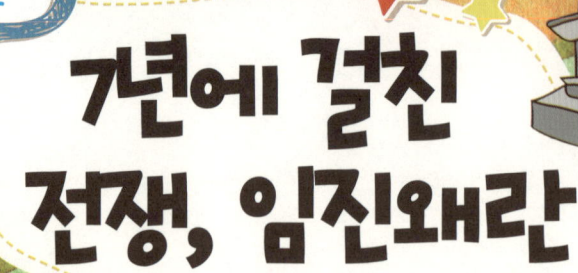

조선

7년에 걸친 전쟁, 임진왜란

5학년 1학기 사회 3. 유교 전통이 자리 잡은 조선
6학년 2학기 사회 2. 세계 여러 지역의 자연과 문화

임진년에 쳐들어온 왜인들의 난

임진왜란은 선조 25년인 1592년부터 시작되어 1598년까지 두 차례에 걸쳐 일어난 전쟁이에요. 조선은 나라가 세워진 이후 외국과의 큰 전쟁 없이 200여 년을 평화롭게 보내고 있었어요. 그러다 보니 국방에 소홀하게 되었고, 서로 더 큰 권력을 차지하기 위한 내부 싸움에만 사로잡히게 되었지요. 이때 일본은 도요토미 히데요시가 일본을 하나로 통일하고 해외로 진출할 계획을 세우고 있

정유재란 중 울산성
전투를 기록한 그림

었어요. 그래서 명나라를 치기 위해 왜군이 조선을 지나갈 수 있도록 해 달라고 요구했어요. 조선이 이를 거부하자 도요토미 히데요시는 작전을 바꾸어 조선에 먼저 쳐들어가기로 했어요. 1592년 4월, 왜군이 부산 앞바다에 쳐들어왔어요.

왜군은 단숨에 부산을 점령하고 20여 일 만에 한양을 점령했어

일본을 통일한
도요토미 히데요시

요. 선조는 북쪽으로 피난을 가서 명나라에게 도움을 요청했어요. 육지에서는 관료, 유생, 승려, 농민들이 의병을 일으켰어요. 의병이란 나라를 구하기 위해 스스로 일어난 의로운 병사들을 말해요. 특히 의병장 곽재우는 붉은 비단옷을 입은 채 백마를 타고 싸워 '홍의장군'이라 불리었는데, 왜적들은 그의 이름만 들어도 벌벌 떨었다고 해요.

이러던 도중 명나라의 구원병이 도착하여 전쟁은 조선에게 유리해졌어요. 조선과 명나라 연합군은 평양성을 공격해 되찾고, 권율 장군은 후퇴하는 왜군을 행주산성에서 크게 물리쳤어요. 이것이 바로 임진왜란 3대 대첩 중 하나인 행주 대첩이에요. 행주 대첩은 당시 행주산성 안에 살던 백성들이 힘을 합쳐 이겨 낸 전투로 유명해요. 남자들은 물론이고 부녀자들도 치마폭에 돌을 주워 담아 병사들에게 가져다주면서 힘을 모았기 때문에 큰 승리를 거둘 수 있었어요.

전쟁이 길어지자 두 나라는 1593년 4월, 전쟁을 잠시 쉬기로 휴전을 선언했어요. 하지만 1597년에 일본이 다시 쳐들어왔어요. 이것을 임진왜란과 구분하여 '정유재란'이라고 부르기도 해요. 하지만 조선의 육군과 수군은 왜군을 모두 물리치고 전쟁을 끝냈어요. 특히 이순신 장군의 활약이 빛났지요.

임진왜란의 주범 도요토미 히데요시(1537~1598)

일본의 장수이자 정치가로, 일본을 통일한 뒤 중국 대륙을 침략하기 위하여 우리나라를 공격해 임진왜란을 일으켰어요. 그러나 두 차례의 전쟁을 치르는 동안 국력만 소모하고 전쟁에 패했지요.

이렇게 7년에 걸친 두 차례의 왜란으로 온 나라는 폐허가 되고 정치 · 경제 · 문화 · 사회 등 각 방면에 걸쳐 심각한 타격을 받았어요. 『조선왕조실록』을 보관하는 서고나 경복궁, 불국사 등이 불에 타는 등 문화재 손실도 컸어요. 뿐만 아니라 명나라도 이 전쟁을 통해 국력이 쇠약해져서 청나라에 의해 망하게 되어요. 일본도 도요토미 히데요시가 죽고 도쿠가와 이에야스가 정권을 잡게 되었어요. 전쟁 중에 일본은 수많은 조선 사람들을 일본으로 잡아갔는데 그중에는 도자기 기술자와 성리학자들이 많았어요. 이들은 이후 일본의 문화 발전에 크게 기여하게 되었어요.

도요토미 히데요시의 뒤를 이은 도쿠가와 이에야스

일본 에도 막부의 초대 쇼군인 도쿠가와 이에야스는 처음에 도요토미 히데요시의 밑에 있었어요. 그러나 그가 죽은 뒤 전국을 통일하여 에도 막부를 세우지요.

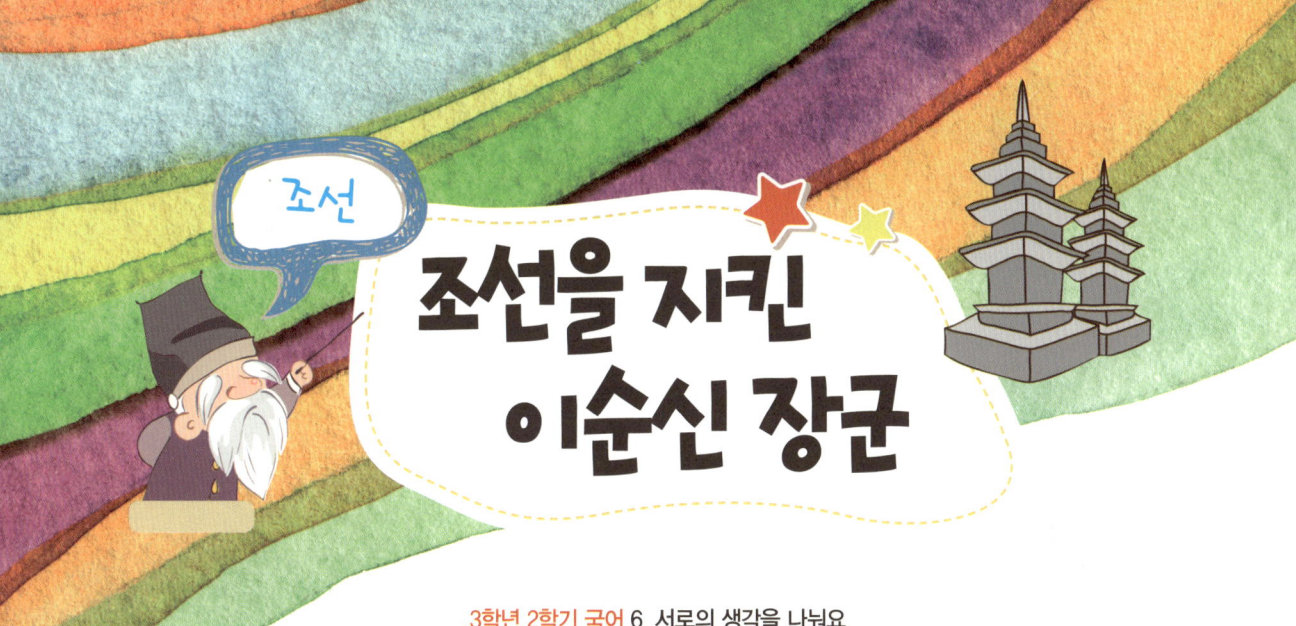

3학년 2학기 국어 6. 서로의 생각을 나눠요
5학년 1학기 사회 3. 유교 전통이 자리 잡은 조선

학익진 전술과 거북선

이순신은 1545년 한양에서 태어났어요. 집안이 기울어 생활이 넉넉하지는 않았지만 엄격한 교육을 받으며 자랐어요. 어려서부터 활쏘기를 즐겨 했던 이순신은 스물여덟 살에 처음으로 무과 시험을 보았으나 시험을 보던 중 달리던 말이 넘지는 바람에 합격하지 못했어요. 하지만 4년 뒤, 무과 시험에 붙어 벼슬길에 올랐어요. 이순신은 여러 벼슬을 거쳐 전라 좌수사에 임명되었어요.

115

이순신을 기리기 위해
세운 전남 고흥의 충무사

이순신은 왜구의 침입을 대비해서 미리 거북선을 만들고, 군대를 다시 재정비했으며, 군사들이 먹을 식량을 많이 확보하기 위해 힘썼어요.

1592년 임진왜란이 일어나자 이순신은 옥포 해전을 승리로 이끌었어요. 뒤이어 사천, 당항포, 한산도, 부산포 해전에서도 모두 승리로 했어요. 이 중에서도 한산도에서 일어난 해전은 임진왜란 3대 해전 가운데 하나로 꼽힐 정도이지요.

몇 차례의 해전에서 패한 일본 수군이 모든 함대를 모아 총공격에 나서자, 이순신은 이들을 한산도 앞의 넓은 바다로 유인하고 학이 날개를 편 모양으로 적의 함대를 둘러싸는 '학익진 전술'을 써서 왜군들을 포위했어요. 우리 수군에 포위당한 왜군은 많은 군사와 배를 잃고 도망치기에 바빴어요.

1597년에 이순신 장군은 남아 있는 13척의 배를 가지고도 왜선 133척을 격파시키는 큰 승리를 거두었어요. 군사가 많은 것처럼 위장하고, 물살이 센 쪽으로 왜군을 유인하는 등 반짝이는 전술 덕분에 거둔 승리였어요. 이것이 바로 명량 대첩이에요.

1598년 도요토미 히데요시가 사망하자 왜군은 조선에서 물러나기로 했어요. 이순신 장군은 돌아가는 왜군을 격파하기 위해 노량

거북선 외부 복원 모형

진에서 왜군 전함 300척과 해전을 벌였어요. 하지만 이순신은 승리를 눈앞에 두고 적의 총탄에 맞아 전사하고 말았어요. 그런데 죽는 순간까지도 군사들의 사기가 떨어질 것을 염려하여 "나의 죽음을 알리지 말라."고 당부했어요.

거북선은 이순신이 수군의 전투함을 개량해 만든 거북 모양의 철갑선이에요. 철갑선으로는 세계 최초라고 해요. 거북선은 노를 젓는 1층과 대포를 발사하는 2층으로 이루어져 있어요. 거북선의 뱃머리에는 용머리와 도깨비 머리가 달려 있고, 옆에는 화포가 설치되어 있어요. 거북선의 등은 높고 창검이 꽂혀 있어서 적이 함부로 배 위에 올라타지 못했어요. 또한 돛이 두 개나 달려 있어서 재빠르게 움직일 수 있었어요. 그래서 거북선은 적군의 배 사이로 깊숙이 들어가 가까이서 공격을 할 수 있는 최고 무기였어요. 이처럼 거북선은 임진왜란에서 왜군을 무찌르는 데 크게 이바지했어요.

이순신 장군이 임진왜란 중에 쓴 『난중일기』

임진왜란의 3대첩

임진왜란 3대첩은 왜적을 크게 무찌른 싸움을 말하는 것으로 한산도 대첩, 행주 대첩, 진주 대첩이에요. 한산도 대첩에서는 이순신 장군이 한산도 앞바다에서 왜선을 전멸시켜 크게 이겼고, 권율 장군이 지휘한 행주 대첩은 부녀자들이 긴 치마로 돌을 날라 던졌던 것으로 유명해요. 진주 대첩은 진주 목사였던 김시민과 의병 곽재우가 힘을 합해 화약물과 돌로 왜군을 크게 무찌른 전투이지요.

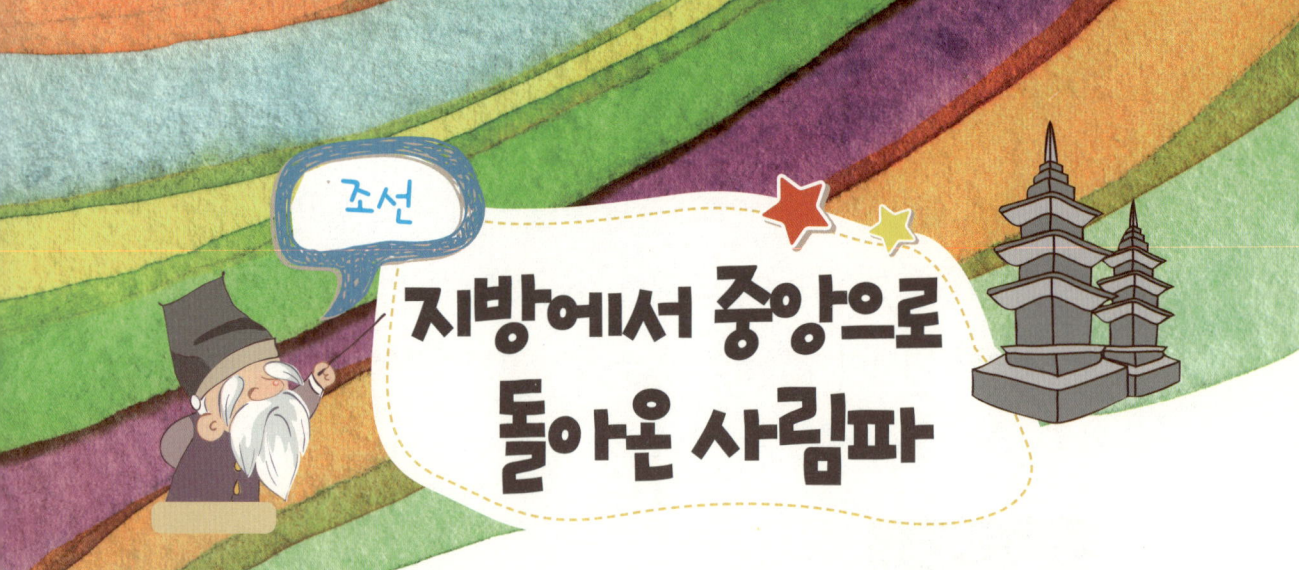

지방에서 중앙으로 돌아온 사림파

5학년 1학기 사회 3. 유교 전통이 자리 잡은 조선

시작은 바른 정치였으나, 권력 경쟁으로 바뀐 붕당

네 차례의 사화로 인해 중앙 정치에서 밀려난 사림파는 자신들이 살고 있는 지방으로 내려가 서원과 향약을 토대로 힘을 기르고 향촌에서 영향력을 행사했지요.

선조가 임금이 되고 다시 사림파를 등용하면서 사림파는 중앙 정치를 주도하게 되었어요. 사림파는 학문을 게을리하지 않고 나랏일을 비판하는 등 언론 활동에 적극적이었으며 여론을 듣고 정책에 반영하기도 했어요. 이렇게 사림파는 임금의 신임을 얻어, 훈구파를 몰아내고 정치권력을 잡게 되었어요.

그런데 사림파가 완전히 정치를 주도하게 되자, 이번에는 사림파 내부에서 서로의 입장이 갈리게 되었어요. 주로 가까운 지역에 살거나 비슷한 학문을 하는 사람들끼리 집단을 이루어 나뉘었어요. 이처럼 조선 시대에 학문적 혹은 정치적으로 입장을 같이하는 양반들이 모여 구성한 정치적 집단을 '붕당'이라고 해요.

붕당은 먼저 동인과 서인으로 나누어졌어요. 사림파가 동인과 서인으로 갈라진 직접적인 이유는 바로 '이조 전랑'이라는 벼슬 자리 때문이었어요. 이조 전랑은 관직을 추천하고 뽑을 수 있는 막대한 권한을 가지고 있는 벼슬이었어요. 선조 때 이 관직을 차지하기 위해 김효원과 심의겸이 대립하면서 사림파도 서로 갈리게 된 거예요.

당시 김효원의 집은 한양의 동쪽인 건천동에 있고, 심의겸의 집

조선 시대의 유학자로
성리학을 정리한 이황

은 한양의 서쪽인 정릉에 있어서 그들을 지지하는 사람들을 각각
동인과 서인으로 부르게 되었어요. 이황, 조식의 제자인 경상도 출
신 사림들은 동인으로, 이이와 성혼의 제자인 충청도와 경기도 출
신 사림들은 서인으로 나뉘었어요.

한편 조정이 동인과 서인으로 나뉘어 대립이 심해지자, 이이는
당파 싸움의 중심인물을 모두 벼슬에서 물러나게 하자는 주장을
했어요. 이이의 주장에 따라 김효원은 지방의 관리로 내려갔어
요. 김효원은 자신이 당쟁의 중심인물이 된 것을 몹시 후회했다
고 해요.

처음에 붕당은 서로를 안 좋은 점을 비판하며 바른 정치를 하려고 하는 등 좋은 모습을 보여 주었어요. 하지만 점차 자기 당파의 이익만 앞세우거나, 나랏일은 신경 쓰지 않고 권력을 잡기 위한 경쟁에만 치우치는 경우가 많아졌어요.

십만 양병설을 주장한 율곡 이이(1536~1584)

이이는 어렸을 적 신동으로 소문이 자자했고, 커서는 과거에 아홉 번이나 장원 급제한 인물이에요. 조선 중기의 문신이자 학자로 유명한 율곡 이이는 서경덕의 학설을 이어받아 주기론을 발전시켰어요. 주기론은 퇴계 이황의 주리론과 함께 조선 중기 성리학의 양대 산맥을 이루었어요. 또 임진왜란이 일어나기 전에 '십만 양병설'을 주장해 나라의 힘을 강화하자고 주장했답니다.

인조반정에 스러진 광해군의 중립 외교

5학년 1학기 사회 3. 유교 전통이 자리 잡은 조선
6학년 2학기 사회 2. 세계 여러 지역의 자연과 문화

시대보다 앞선 왕, 시대에 무너지다

광해군은 조선 제15대 임금으로 선조의 뒤를 이어 1608년부터 1623년까지 나라를 다스렸어요. 광해군은 임진왜란이 일어났을 때 위기를 헤쳐 나가는 등 많은 공을 세웠어요.

하지만 나중에 인조반정으로 임금 자리에서 쫓겨났기 때문에 광해군에 대한 평가는 많이 엇갈리고 있어요. 한편에서는 쫓겨난 임금 또는 폭군이라 하고, 다른 한편에서는 어려운 상황 속에서도

경기도 남양주시에 있는
광해군의 묘

'중립 외교'를 펼친 현실적인 임금으로 높이 평가해요.

임진왜란이 일어나자 선조는 광해군을 세자로 정하고 신하들과 함께 피난을 떠났어요. 이때 선조는 만약의 사태에 대비해 피난을 떠나면서 조정을 둘로 나누어, 일부는 선조를 따라 의주로 떠나도록 했고, 일부는 광해군을 따라 함경도, 강원도 등으로 나아가 왜군을 막도록 했어요. 이때 광해군은 여러 지역을 다니며 군대와 식량을 모아 왜군을 막는 데 큰 공을 세웠고, 백성들의 지지를 얻었어요.

전쟁이 끝나고 광해군은 뒷수습을 위해 노력했고 마침내 선조를 이어 임금의 자리에 올랐어요. 광해군은 먼저 명나라와 후금 사이에서 실리 외교를 추구했어요. 당시 중국에서는 명나라가 기울어가고 만주에서 일어난 여진족이 기세를 떨치고 있었어요.

여진족은 후금이라는 나라를 세우고 명나라에 전쟁을 선포했어요. 그러자 명나라는 임진왜란 때 군사를 베푼 은혜를 강조하며 조선에 도와달라고 했어요. 조선의 신하들은 대부분 명나라를 위해 군사를 보내야 한다고 했지만 광해군의 생각은 달랐어요. 조선이 명나라의 요구를 들어주면 후금과 또 전쟁을 하게 될지도 모른다고 생각했어요.

광해군은 명나라의 요구대로 원군을 파견하되, 후금의 미움도

사지 않는 중립적 방법을 찾았어요. 그래서 광해군은 원군이 떠나기 전날 밤 지휘관인 강홍립을 조용히 불러 "만일 이 싸움에서 명나라가 진다면 조선은 후금의 노여움을 살 것이니, 싸움의 형세를 현명히 판단하여 중립을 지키도록 애써라."라고 말했어요.

광해군의 예상대로 명나라가 패하자, 강홍립은 후금에 가서 조선군이 군사를 보내 명나라를 도운 것은 명의 요청에 의한 부득이한 것임을 밝히고 항복해 버렸어요. 이처럼 명나라와 후금 사이에서 실리를 선택한 광해군 덕분에 조선은 또 한 번의 전쟁 위기를

임진왜란 때의 임금 선조(1552~1608)

조선의 제14대 왕이에요. 율곡 이이와 퇴계 이황 등의 인재를 등용하고 유학을 장려하는 등 백성을 위한 정치에 힘썼지요. 그러나 관리와 양반들의 권력 싸움 때문에 나라의 힘이 약해져 왜구의 침입을 두 번이나 당해야 했던 왕이지요. 이 때문에 조선에서 가장 무능한 왕으로 평가 받기도 한답니다.

극복해 냈어요.

하지만 광해군의 중립 외교를 반대한 사람도 많았어요. 특히 정권에서 소외되었던 서인들은 '군주가 은혜를 몰라서는 나라가 설수 없다.'며 광해군을 몰아내려고 했어요. 광해군은 이들과 싸우는 과정에서 선조의 두 번째 왕비인 인목 대비를 궁에 가두고 배다른 동생인 영창 대군을 죽이고 말았어요.

이에 서인들은 광해군이 명나라에 대한 의리를 배신하고 인륜을 어겼다며 1623년에 광해군을 임금의 자리에서 몰아내는 인조반정을 일으켰어요. 광해군은 왕위에서 쫓겨나 유배지에서 1641년 예순일곱 살의 나이로 숨을 거두었어요.

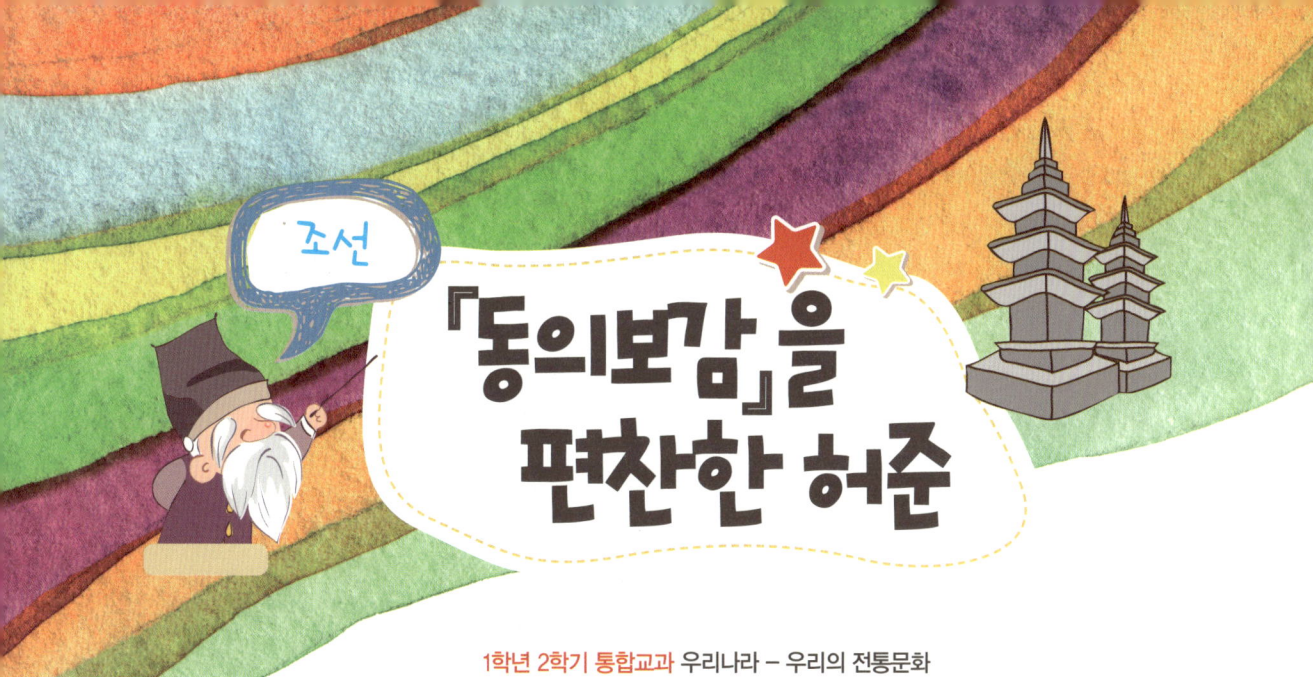

『동의보감』을 편찬한 허준

1학년 2학기 통합교과 우리나라 – 우리의 전통문화
5학년 1학기 사회 3. 유교 전통이 자리 잡은 조선

임금뿐 아니라 백성까지 살리려 했던 명의

허준은 1546년 허륜이라는 사람의 서자로 태어났어요. 당시는 양반의 자식으로 태어나도 서자라면 차별하던 시절이었어요. 서자는 아무리 실력이 뛰어나더라도 양반들만 치르는 과거 시험을 볼 수 없었지요. 그래서 허준은 벼슬길에 나갈 수 없다면 의술을 배워 가난하고 어려운 사람들의 병을 고치겠다는 마음을 먹고, 의원이 되기로 했어요.

輔國崇祿大夫 陽平君 許浚 像

조선의 명의,
허준

허준은 당시 유명했던 의원인 유의태의 제자가 되어 의술을 배웠어요. 그리고 자신을 찾아오는 아픈 사람들을 신분 차별 없이 모두 친절하게 치료해 주었어요.

1574년에 허준은 중인들이 볼 수 있는 시험인 의원 시험에 장원으로 합격하여 궁궐에서 일하게 되었어요. 그때부터 궁궐에 머물며 일하다가 실력을 인정받아 임금의 건강을 돌보는 어의가 되었어요. 1592년 임진왜란이 일어나자 허준은 선조의 피난지까지 따라가서 끝까지 임금의 건강을 살폈어요.

1606년 선조는 그동안의 노고를 인정하며 허준에게 정1품에 속하는 벼슬을 내리려 했어요. 정1품은 조선 시대 최고의 벼슬로 오늘날 장관에 해당하는 직책이에요. 그러나 신하들이 허준의 중인 신분을 문제 삼아 크게 반대하고 나섰어요.

"어떻게 중인 신분인 자가 나라에서 제일 높은 벼슬인 정1품을 받는단 말입니까?"

"전하, 이것은 말도 안 되는 일입니다. 허준이 정1품 벼슬을 받는다면 나라의 신분 체계가 흔들릴 것입니다. 다시 한번 생각해 주십시오."

결국 신하들의 반대로 허준은 정1품 벼슬을 받지 못했어요. 그

유네스코
세계 기록 유산으로
지정된 『동의보감』

러나 당시 선조가 얼마나 허준을 아꼈는지 이 일화를 통해 미루어 짐작할 수 있지요.

의사로서 명성을 떨치던 허준은 자신의 의술을 한데 모아 후세에 전하기 위해 의학 서적을 쓰기 시작했어요. 1610년 광해군 2년에 마침내 그 책이 완성되었는데 이 책이 바로 『동의보감』이에요.

허준은 실용성을 중요하게 여겨 쉽게 구할 수 있는 약재로 병을 치료하는 방법을 제시했어요. 또한 병이 생기기 전에 예방한다는 개념을 적극적으로 내세우기도 했어요. 또한 『동의보감』은 내용이 매우 체계적으로 잘 짜여 있고, 일반 백성들이 책을 보고 활용하기에 편하게 되어 있어요. 그래서 조선뿐만 아니라 일본과 중국에도 전파되었고, 오늘날에도 동양에서 가장 우수한 의학 서적 중 하나로 꼽히고 있어요.

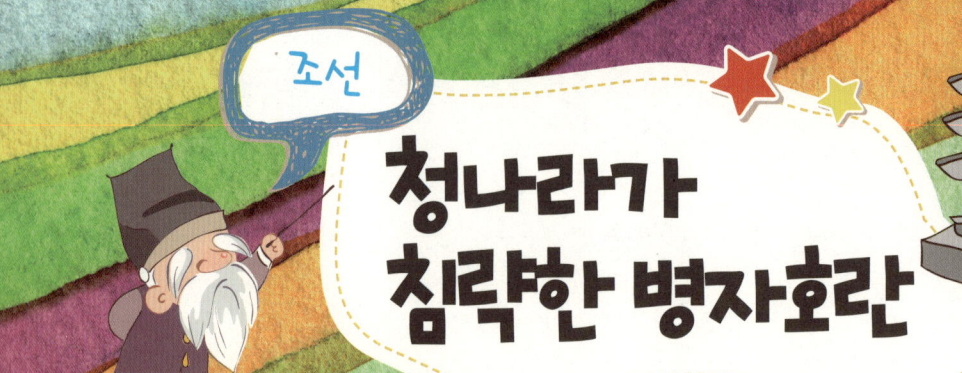

조선

청나라가 침략한 병자호란

4학년 1학기 사회 1. 우리 지역의 자연환경과 생활 모습
5학년 1학기 사회 3. 유교 전통이 자리 잡은 조선

명나라에서 청나라로, 중국의 주인이 바뀌다

인조반정을 통해 광해군을 내쫓고 인조를 왕으로 세운 서인들은 명나라와 친하게 지내고 후금을 멀리했어요. 이에 후금은 조선의 외교 정책에 불만을 품고 광해군의 복수를 한다는 명목으로 1627년 조선에 쳐들어왔어요. 이것을 정묘년에 일어난 오랑캐의 난이라는 뜻으로 '정묘호란'이라 해요.

조선은 결국 힘에서 밀려 후금이 요구하는 대로 할 수밖에 없었

인조가 청나라에 항복하고
삼전도의 치욕을 겪은
남한산성의 수어장대

어요. 그 후 후금은 명나라를 무너뜨리고 중국을 통일한 뒤 나라

이름을 청으로 고쳤어요. 그러면서 조선은 신하의 나라이니, 청나

라에 신하로서 예의를 갖추라고 강요했어요.

청나라의 이런 강요를 두고 신하들은 청나라의 요구를 들어주

며 화해하자는 주화파와 끝까지 싸우자는 척화파로 나뉘었고, 결

국은 두 파로 나뉘어 팽팽히 맞섰어요.

"중국 대륙을 청나라가 지배하고 있는데, 강한 나라의 요구를 어

찌 들어주지 않을 수 있단 말입니까? 실리를 추구해야 합니다."

"예로부터 명나라를 섬겨 왔는데 어찌 하루아침에 이를 져버리고 오랑캐를 섬길 수 있단 말이오?"

결국 척화파의 주장이 우세하여 조선은 청나라를 야만족이라고 무시하며 요구를 받아들이지 않았어요. 그러자 청나라는 군대를 이끌고 1636년에 다시 쳐들어 왔어요. 이것을 '병자호란'이라고 해요.

청나라 군대는 단숨에 한양까지 쳐들어왔고, 인조와 신하들은 남한산성으로 들어가 싸웠지만 청나라의 공격을 막아내지 못하고 항복을 하고 말았어요.

오랑캐 여진족이 세운 청나라

1616년부터 1912년까지 중국에 있었던 나라예요. 청나라를 세운 사람들은 원래 중국 땅에 살고 있던 한족이 아니라 여진족이었어요. 여진족 추장이었던 누르하치가 여기저기 흩어져 있던 여진족을 하나로 모은 다음 명나라를 무너뜨리고 청나라를 세웠지요. 또 청나라는 우리나라에도 두 차례나 쳐들어왔는데요. 이것이 바로 '정묘호란'과 '병자호란'이에요.

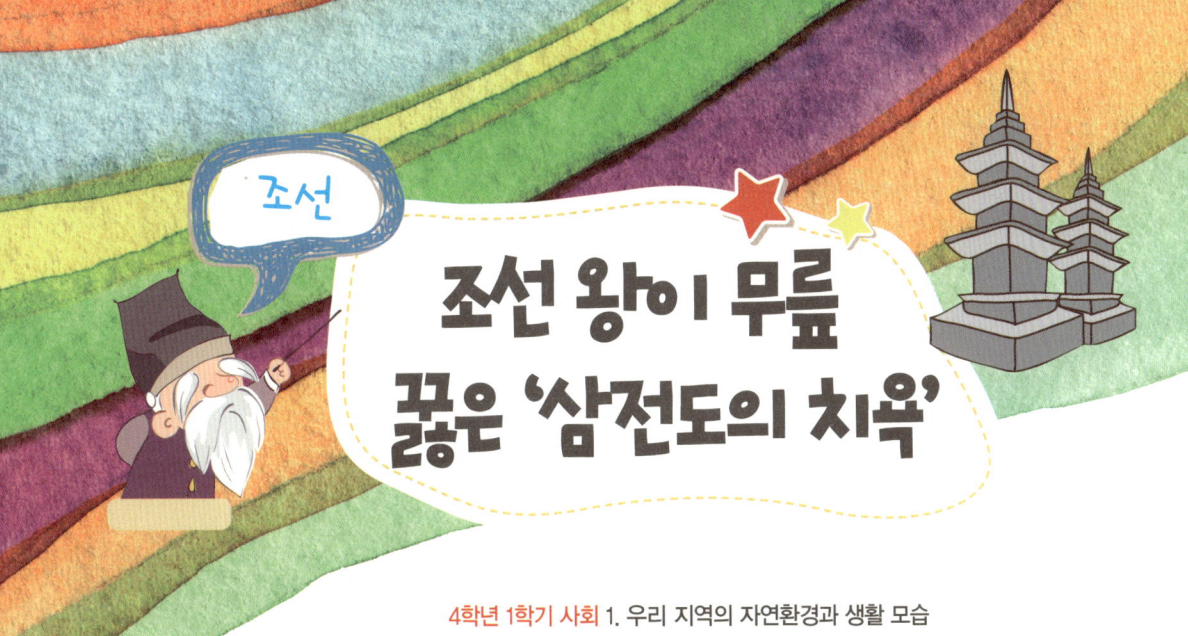

4학년 1학기 사회 1. 우리 지역의 자연환경과 생활 모습
5학년 1학기 사회 3. 유교 전통이 자리 잡은 조선
6학년 2학기 사회 2. 세계 여러 지역의 자연과 문화

인질로 끌려간 소현 세자, 신문물에 눈뜨다

전쟁에 패한 인조는 항복의 예를 표시하기 위해 지금의 서울 송파구인 삼전도 나루터에서 청나라 태종에게 '3배 9고두'를 해야만 했어요. 3배 9고두란 상복을 입고 세 번 큰절하고, 아홉 번 땅바닥에 머리를 꽝꽝 박아 조아리는 것으로, 그 소리가 단 위에 앉아 있는 청나라 태종의 귀에 들릴 정도가 돼야 했어요. 인조는 굴욕적으로 청나라 태종에게 신하의 맹세를 하며 완전히 항복했어요.

경기도 파주시에 있는
인조의 능인 장릉

병자호란으로 백성들은 또다시 전쟁의 고통을 겪어야 했어요. 그리고 인조의 맏아들인 소현 세자와 동생 봉림 대군 등 많은 사람들이 청나라에 인질로 끌려갔어요.

그 후 소현 세자는 9년 동안 청에 머무르며 조선과 청을 잇는 역할을 했고, 조선인 포로의 해방과 정치·경제적 문제들을 해결하는 데 힘썼어요. 1644년 베이징에 갔다가 독일인 선교사 아담 샬을 만나 서양의 과학과 천주교에 눈을 뜨기도 했어요. 청에 머무는 동안

한양을 지키는 남한산성

경기도 광주시의 남한산에 있는 산성으로 사적 제57호이자 경기도의 도립 공원이에요. 남한산성과 북한산성은 조선의 도읍 한양을 지키는 대표적인 산성이었지요. 1636년 병자호란이 일어나자 인조는 남한산성으로 가 몸을 피했어요. 그러나 45일 만에 항복하게 되었고, 인조는 남한산성 밖 삼전도로 나와 청나라 태종에게 세 번 절하고 아홉 번 무릎 꿇는 굴욕을 당했어요.

소현 세자는 발달된 청나라 문물에 깊은 관심을 갖게 되었어요. 그리고 청나라의 우수한 문화를 배워 나라를 이끌어 가야 한다는 생각을 갖게 되었어요.

하지만 인조는 이런 소현 세자를 못마땅하게 여겼어요. 반면 소현 세자의 동생인 봉림 대군은 형과 반대로 청나라에 볼모로 있는 동안 계속 청나라에 대한 적개심을 가지고 있었어요. 인조는 소현 세자보다 봉림 대군을 좋아했어요. 또한 여전히 정권을 잡고 있던 서인들도 소현 세자와 청나라에 대한 생각이 달랐기 때문에 소현 세자를 경계했어요. 그래서 1645년에 소현 세자가 청나라의 서적, 지구본, 천주교 동상 등을 가지고 조선으로 돌아왔지만 인조는 아들 소현 세자를 아주 차갑게 대했어요.

그런 소현 세자는 조선으로 돌아온 지 2개월 만에 서른네 살의 나이로 갑자기 숨을 거두었어요. 당시 그의 시신은 전부 검게 변해 있었고, 몸에서 피가 흘러 나와 마치 약물에 중독되어 죽은 사람 같았다고 해요. 그래서 소현 세자의 독살설이 널리 퍼졌지만 인조는 조사도 하지 않고 서둘러 장례를 치르고 말았어요.

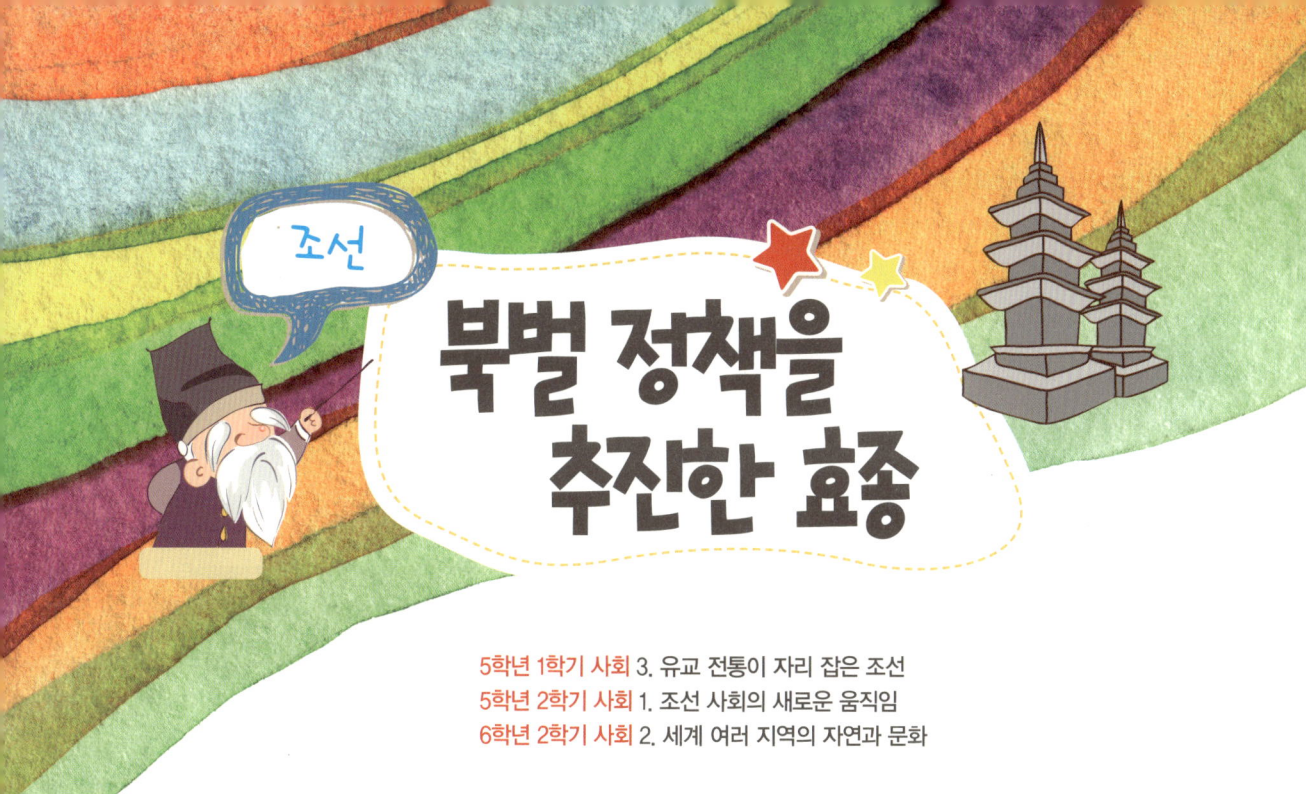

5학년 1학기 사회 3. 유교 전통이 자리 잡은 조선
5학년 2학기 사회 1. 조선 사회의 새로운 움직임
6학년 2학기 사회 2. 세계 여러 지역의 자연과 문화

조선의 자존심을 다시 세우겠도다!

효종은 조선의 제17대 임금으로, 1649년부터 1659년까지 왕위에 있었어요. 효종은 임금이 되기 전인 봉림 대군이었을 적 청나라에 8년간 볼모로 있으면서 치욕을 씻겠다는 뜻을 품었어요. 인조의 미움을 받은 소현 세자가 청나라에서 돌아와 1645년 갑자기 죽자, 효종은 형을 대신해 세자에 책봉되었고 1649년 왕위에 올랐어요.

임금이 되자마자 효종은 가까운 신하들에게 말했어요.

경기도 여주에 있는
효종의 영릉재실

"조선을 짓밟은 청나라를 그냥 놔둘 수는 없다. 명나라와 조선 모두를 위한 복수를 해야겠다. 군사를 길러 청나라를 치도록 하자."

그래서 효종과 신하들은 청나라 몰래 북벌을 계획하여 군사를 키우고 군비를 늘렸어요. 명나라와의 의리를 강조하는 송시열, 송준길 등 사림 세력을 대거 등용하기도 했지요.

그런데 김자점이 이러한 계획을 하고 있다는 걸 청나라에 몰래 알려 주었어요. 김자점은 인조반정에 참여한 공신이었으나, 병자호란 당시 청나라 군대를 막지 않고 피하는 바람에 조선에 많은 피해를 준 사람이에요. 이후에도 김자점은 청나라의 힘을 빌려 부정부패를 일삼았어요. 그런데 청나라를 무찌르자는 북벌론이 나오자 김자점은 위협을 느낀 거예요.

효종은 김자점의 밀고 때문에 한때 어려움을 겪었으나, 김자점을 처형하고 계속 북벌 준비를 해 나갔어요. 당시 제주에 표류해 온 네덜란드인 하멜과 그 일행들에게 서양식 무기를 제조하게 하여 그 무기를 시험해 보기도 했지요.

그러나 효종이 즉위한 지 8년째, 사람들은 효종의 북벌 정책에 의심을 품게 되었어요. 특히 북벌을 주장하던 송시열 등과도 의견

하멜이 조선 생활의
경험담을 쓴
『하멜 표류기』

이 엇갈리며 북벌 정책은 위기에 처했어요. 그러던 중 청나라의 힘
이 날이 갈수록 강해져서 북벌의 적당한 기회를 잡을 수 없었어요.
효종은 오히려 청나라의 강요로 두 차례나 러시아 정벌에 군대를
보내기도 했어요.

　신식 무기를 가진데다가 잘 훈련된 조선군은 러시아 정벌을 성
공적으로 해냈어요. 그러나 적국 청나라를 오히려 도와주는 결과
를 낳게 되면서, 효종의 북벌 계획은 더욱더 힘을 잃게 됐어요. 그

렇지만 효종은 끝까지 북벌을 포기하지 않고 신하 송시열과 이야기를 나눌 때 자신의 생각을 이렇게 밝혔어요.

"저 오랑캐들은 곧 망할 것이다. 우리가 앞으로 10년 동안 군사 훈련과 군 장비, 군량을 비축해 나라의 군사와 백성들을 단결하고, 군사 10만 명을 양성하면 오랑캐들을 무찌를 수 있을 것이다."

그러나 효종의 강력한 의지에도 신하들은 북벌을 반대하였고, 힘을 잃은 효종은 1659년 마흔한 살의 나이에 갑자기 죽고 말았어요.

『하멜 표류기』를 쓴 네덜란드인 하멜(?~1692)

17세기 네덜란드 사람으로 선원이었어요. 1653년 일본의 나가사키로 가던 중 배가 부서지는 바람에 우리나라로 오게 됐지요. 이후 줄곧 조선에 머무르다가 1666년에 고향으로 돌아가 『하멜 표류기』라는 책을 냈어요. 이 책에는 조선의 지리와 풍속 등의 내용이 담겨 있었는데요. 유럽 사람들에게 조선이라는 나라를 처음으로 소개했다는 점에서 무척 뜻 깊은 책이에요.

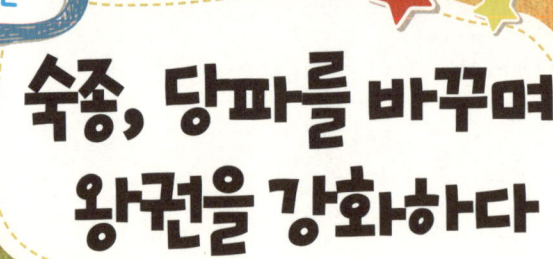

숙종, 당파를 바꾸며 왕권을 강화하다

5학년 1학기 사회 3. 유교 전통이 자리 잡은 조선
6학년 2학기 사회 3. 정보화, 세계화 그리고 우리

장희빈과 인현 왕후를 둘러싼 환국 정치

숙종은 조선의 제19대 임금으로, 1674년부터 1720년까지 임금의 자리에 있었어요. 숙종은 열네 살 어린 나이로 왕이 되었지만 훌륭하게 나라 일을 해결했어요. 숙종은 한 붕당에만 세력을 몰아주지 않고 당파를 계속 바꾸면서 왕권을 강화해 나갔어요. 이렇게 정치를 이끌어 가는 당파가 바뀌는 것을 '환국'이라고 해요. 숙종이 왕위에 있는 동안 세 번의 환국이 있었지요.

경기도 고양시에 있는
숙종과 인현 왕후의
능인 명릉

당시 조정은 서인과 남인의 붕당 정치로 매우 혼란스러웠어요. 특히 남인의 힘이 매우 강해서 숙종은 그들의 힘을 억누를 방법을 생각하고 있었어요. 그러던 중 남인이었던 영의정 허적이 집에서 큰 잔치를 하면서 일이 벌어졌어요. 허적이 왕의 허락도 받지 않고 궁궐에서 쓰는 천막을 가져가 사용하고 궁궐의 악공들을 멋대로 데려간 것이었어요. 이를 계기로 숙종은 남인들을 쫓아내고 서인 들을 적극적으로 등용했어요. 이 사건을 '경신환국'이라고 해요.

두 번째 환국은 1689년에 일어난 기사환국이에요. 숙종의 정식 왕비였던 인현 왕후가 아기를 낳지 못하자, 숙종은 후궁 장희빈을 들여 왕자를 낳았어요. 장희빈을 예뻐한 숙종은 이 아이를 세자로 삼으려 했지만 집권 세력이 된 서인은 숙종의 뜻에 반대했어요. 그런데 숙종은 서인의 독주를 막기 위해 서인들의 뜻을 거스르고 남인이 지지하던 장희빈을 왕비의 자리에 앉혔어요. 이것이 바로 기사환국이에요.

그러나 남인 정권도 오래 가지 못하고 1694년에 세 번째 환국이 일어났어요. 숙종은 장희빈이 너무 못되게 굴자, 인현 왕후를 쫓아 낸 것을 후회하고 있었어요. 한편, 서인들은 인현 왕후 복위 운동을 비밀리에 전개하고 있었어요. 이것을 알아챈 남인들은 복위 운

남인이었던
영의정 허적의 초상

동을 했던 서인들을 몰아내려 했지만, 오히려 숙종은 남인 세력을 쫓아내 버리고 서인을 다시 등용했어요. 또 기사환국으로 왕비가 된 장희빈을 다시 후궁 자리에 앉히고, 인현 왕후를 복위시켰어요. 이를 '갑술환국'이라고 해요. 이 환국 이후 서인은 다시 집권 세력이 되었어요. 결국 남인은 중앙 정계에서 멀어지게 되었어요.

왕권을 강화한 숙종은 나라를 잘 다스리기 위해 많은 노력을 기울였어요. 대동법을 실시하고, 전국곳곳의 땅을 일구어서 좋은 논과 밭을 만드는 일을 했어요. 상평통보와 같은 화폐를 만들어 경제 활동에 도움이 되게 만들기도 했어요.

숙종은 영토와 관계된 문제에도 나섰어요. 1712년에 청나라와 국경에 대한 분쟁이 일어나자 백두산에 비석을 세워 우리나라의 국경선을 확정지었어요. 환국을 통해 왕권을 강화한 숙종은 당파 싸움을 잘 조정했다는 평가를 받아요. 또한 임진왜란과 병자호란으로 혼란스러워진 나라를 잘 다스려 백성들이 안정된 생활을 할 수 있도록 했어요.

백성을 위한 새로운 세금 제도, 대동법

조선 시대의 납세 제도예요. '납세'란 세금을 내는 것이에요. 조선 중기 광해군 때 시작해서 숙종 때 완성됐어요. 처음에는 경기도만 대동법을 실시했지만 숙종 때는 평안도와 함경도를 뺀 전국에서 실시됐지요. 이전까지는 각 지역의 특산품 등으로 세금을 냈지만 대동법을 실시한 다음부터는 모두 쌀로 통일해서 세금을 냈어요. 지역에 따라 쌀이 아니라 베를 낼 수도 있었고요.

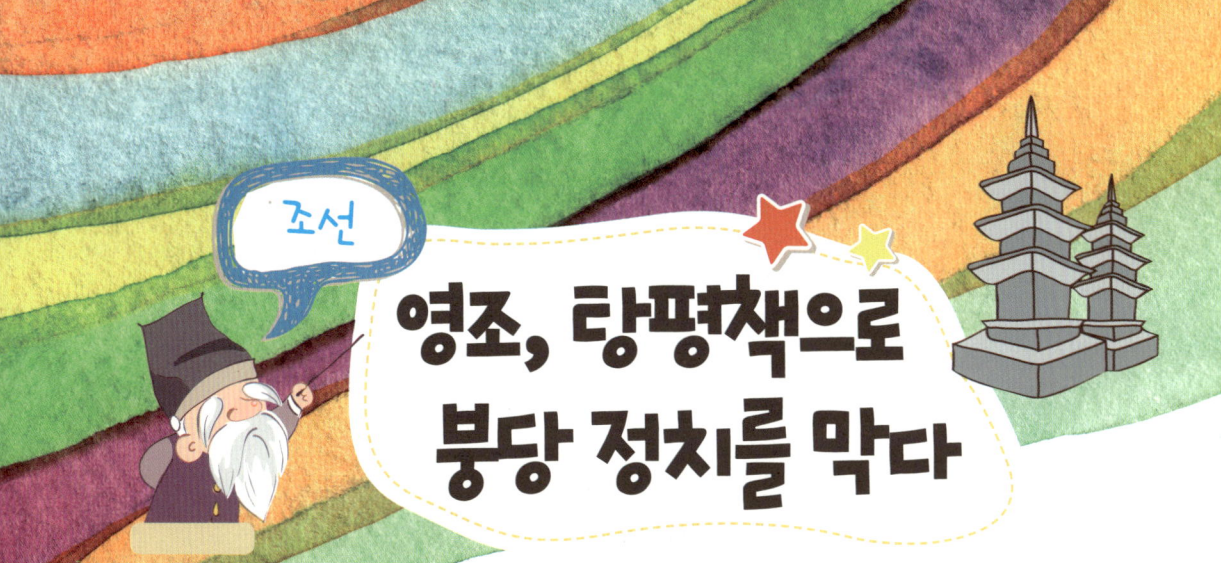

영조, 탕평책으로 붕당 정치를 막다

5학년 2학기 사회 1. 조선 사회의 새로운 움직임

인재를 고루 등용하여 경제와 문화를 꽃피우다

영조는 무려 52년간이나 임금 자리에 있었던 조선의 제21대 임금이에요. 오랫동안 임금의 자리에 있으면서 백성들이 편히 살 수 있게 노력했어요. 이 과정에서 18세기 조선의 경제와 문화가 꽃피게 되었어요.

특히 영조는 왕위에 오르면서 탕평책을 쓴 것으로 유명해요. 탕평책이란 각 당파에서 고르게 인재를 등용하는 정책을 말해요. 영

탕평책을 쓴
영조의 어진

조는 신하들끼리 편을 갈라 붕당 정치를 하는 상황이 왕권을 약하게 하고, 조선을 어지럽게 한다고 생각했어요. 그래서 붕당끼리 싸우지 않고 골고루 정치에 참여할 수 있도록 한 거예요. 탕평책 덕분에 당파에 상관없이 능력에 따라 인재들이 고루 뽑혀서, 영조 대에 여러 가지 개혁이 이루어질 수 있었어요.

탕평책에 대한 영조의 의지를 엿볼 수 있는 일화가 하나 전해져 내려오고 있어요. 영조가 신하들과 탕평책에 관한 회의를 하던 어느 날이었어요. 영조는 자신이 특별히 주문한 음식을 내오라고 했어요. 그 음식은 청포묵에 고기볶음, 미나리, 김 등 여러 가지 채소를 섞어 무친 것이었지요. 영조는 이 음식을 보고 말했어요.

"여러 가지가 섞여 하나의 맛을 내듯이, 정치 또한 이렇게 하나가 되어 어우러질 수 있는 것이오. 정치에서도 여러 당의 인재를 고루 쓰면 좋지 않겠소. 이 음식을 탕평채로 부르도록 하고, 경들도 탕평채의 정신을 본받도록 하시오."

여러 당의 인재를 골고루 섞어 공평하게 정치하겠다는 영조의 생각과 의미가 담긴 음식이었던 거예요.

영조는 탕평책 외에도 백성들을 위해 많은 노력을 기울였어요. 신문고를 다시 설치하여 억울한 일이 있으면 왕에게 직접 알리도

영조의 어필

록 했어요. 또 서자도 관직에 나갈 수 있는 길을 열어 주었어요. 백성들 사이에 원성이 높았던 압슬형이라는 가혹한 형벌을 없애기도 했어요.

또한 군대에서 일하거나 세금을 내는 백성들의 부담을 줄여 주기 위해 균역법을 실시했어요. 영조는 국방 문제에도 관심이 많아서 군사 시설을 정비하고 무기를 만들기도 했어요. 또한 학문을 좋아해 『속대전』, 『속오례의』, 『연행록』 등의 책을 펴냈어요. 『동국문헌비고』라는 우리나라 최초의 백과사전도 영조 때 나온 책이지요.

이처럼 영조는 탕평책을 통해 붕당 간의 경쟁을 줄이고 민생을 위한 정치를 펴 나갔어요. 그래서 오늘날까지도 어질고 덕망 높은 임금으로 평가 받고 있지요.

백성이 왕에게 직접 말하는 길, 신문고

조선 시대에 백성이 억울한 일을 하소연할 때 치게 하던 북이에요.

뒤주에서 세상을 뜬 비운의 사도 세자

5학년 2학기 사회 1. 조선 사회의 새로운 움직임

당파 싸움의 희생양이 된 세자

영조의 둘째 아들이자 정조의 아버지인 사도 세자는 붕당 싸움에 희생되어 죽은 비운의 세자예요. 사도 세자는 영조가 마흔두 살에 늦게 얻은 귀한 자식으로, 이복형이 일찍 죽자 태어난 지 1년 만에 왕세자로 책봉되었어요. 사도 세자는 일곱 살 때 『동몽선습』을 떼고 자신이 지은 글을 신하들에게 나누어 줄 만큼 어릴 적부터 영특했다고 해요.

경기도 수원시에 있는
사도 세자의 능인 융릉

영조 25년인 1749년에 사도 세자는 영조를 대신해서 정치를 하게 되었어요. 나라를 다스리는 일은 처음 해 보는 것이라 미숙한 점이 있었는데, 성격이 불 같은 영조는 수시로 사도 세자를 불러들여 크게 꾸짖었어요. 어느 날은 사도 세자가 자신의 허락도 없이 멋대로 일을 처리했다 하여 영조가 크게 화를 냈어요. 눈 내리는 추운 겨울, 사도 세자는 홍역에 걸린 몸으로 사흘이나 꿇어 앉아 용서를 빌 수밖에 없었어요.

이런 일을 겪으면서 사도 세자는 아버지인 영조를 무서워하게 되었고, 자라면서 영조에게 반발하게 되었어요. 결국 사도 세자는 궁 안에서 칼을 휘둘러 궁녀를 죽이거나 왕궁을 몰래 빠져나가는 등 온갖 비행을 일삼게 되었어요. 사도 세자의 장인이었던 홍봉한이 쓴 글을 보면 "무엇이라 병을 꼬집어 말할 수 없지만, 세자가 수시로 발작을 한다."고 쓰여 있어요.

사도 세자가 소론의 학자로부터 학문을 배우고 이들과 친하게 지내는 것 또한 문제가 되었어요. 당시 정권은 노론이 잡고 있었는데, 반대파인 소론과 사도 세자가 가까이 지내는 것을 보고 노론이 위기감을 느낀 거예요. 당파 싸움을 둘러싸고 아버지 영조와 아들 사도 세자 사이에는 묘한 정치적 긴장감이 만들어졌어요. 노론은 이대로 사도 세자가 왕이 되면 자신들의 자리가 없어질까 봐 걱정했어요. 그래서 사도 세자를 몰아낼 음모를 꾸미기 시작했어요. 사도 세자에게 잘못이 있으면 영조에게 몇 배로 부풀려 모함하면서 사도 세자를 세자의 지위에서 끌어내리려 한 것이지요.

이처럼 사도 세자에 대한 영조의 신뢰가 무너질 때쯤인 1762년이었어요. 노론의 나경언이라는 신하가 사도 세자의 비행 열 가지를 알리는 글을 영조에게 올렸어요. 이것을 보고 크게 노한 영조가 사도 세자를 불러 칼을 휘두르며 자결할 것을 명했어요. 하지만 사도 세자가 끝내 자결을 하지 않자, 영조는 사도 세자를 세자 자리에서 내쫓고 뒤주 속에 가두었어요. 사도 세자가 울부짖으며 말했어요.

"아버지, 아버지! 제발 살려 주십시오. 여기는 너무 어둡고 춥습니다!"

"어느 누구도 뒤주를 열거나 먹을 것을 가져다주지 마라!"

화가 난 영조는 뒤주에서 아들을 꺼내 주지 않았어요. 결국 사도 세자는 캄캄한 뒤주 속에서 8일 만에 굶어 죽고 말았어요. 이렇게 당파 싸움에 휘말려 영조는 자신의 손으로 아들을 죽이는 불행한 짓을 저지르고 말았어요.

영조는 뒤늦게 이를 후회하고 아들의 죽음을 슬퍼하는 뜻에서

'사도'라는 이름을 내렸어요. 하지만 이미 아들은 저 세상으로 간 뒤였어요. 이후 영조는 노론들의 방해에도 불구하고 임금의 자리를 사도세자의 맏아들인 정조에게 물려주었어요.

어린이가 읽는 유학 책 『동몽선습』

조선 시대에 쓴 어린이들을 위한 유학 책이에요. 오늘날의 교과서처럼 아주 널리 사용된 책이었지요. 『천자문』을 뗀 아이들은 『동몽선습』으로 유학을 공부했지요. '부자유친', '군신유의', '부부유별', '장유유서', '붕우유신' 같은 오륜과 우리나라 역사 그리고 중국 역사 등이 담겨 있었어요.

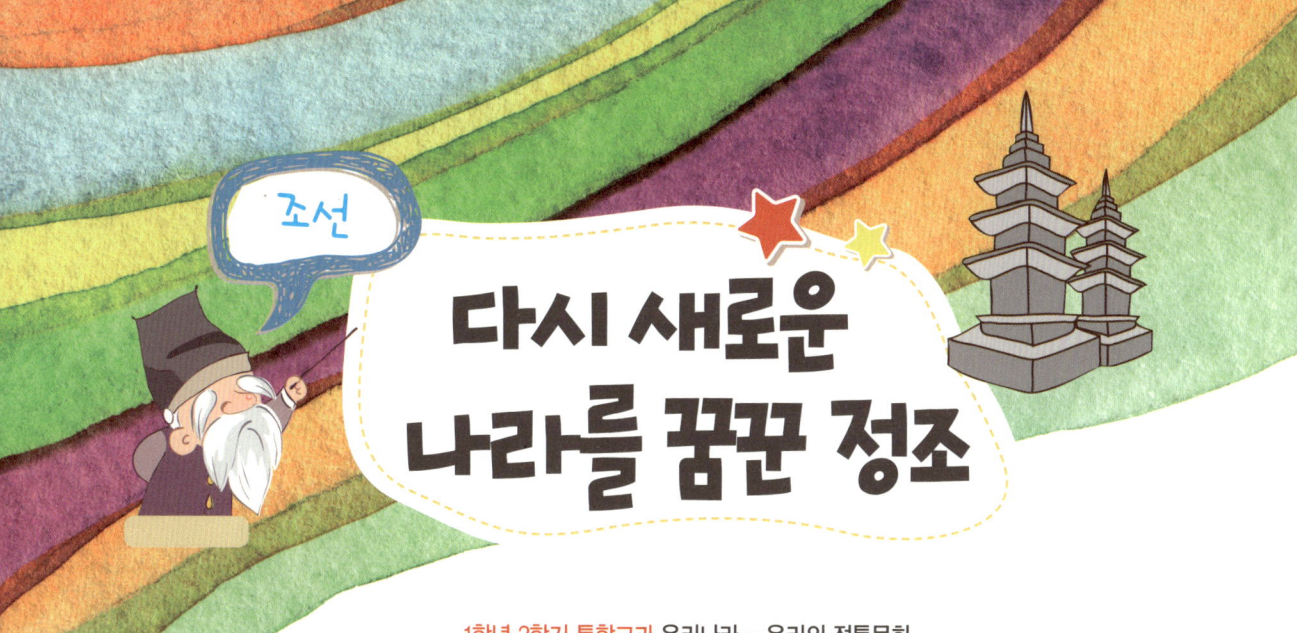

1학년 2학기 통합교과 우리나라 – 우리의 전통문화
5학년 2학기 사회 1. 조선 사회의 새로운 움직임
5학년 2학기 사회 2. 새로운 문물의 수용과 민족 운동

더욱 살기 좋은 나라를 만들고자 노력했던 성군

정조는 할아버지 영조의 뒤를 이은 조선 제22대 임금이에요. 아버지 사도세자가 뒤주에 갇혔을 때 겨우 열한 살이었던 정조는 영조에게 아버지를 살려 달라고 간절히 청했지만, 끝내 아버지 사도세자는 뒤주에서 죽고 말았어요. 이후 아버지를 죽게 만든 노론은 정조가 임금이 되지 못하도록 온갖 공작을 펼쳤지만 정조는 그 모든 것을 이겨내고 1776년에 임금의 자리에 올랐어요.

규장각 건물로 쓰인
창덕궁 부용지 앞 주합루

실학을 크게 발전시킨
정조의 어진

왕위에 오른 정조는 먼저 본궁을 경희궁에서 창덕궁으로 옮기고 규장각을 설치했어요. 규장각이란 역대 국왕의 글과 그림 같은 문서를 비롯하여 여러 서적들을 보관하는 곳이에요. 하지만 단순히 자료를 보관만 한 것이 아니라 왕권을 강화하고 개혁을 시행하기 위해 여러 인물들을 키우고 보호하는 역할까지도 맡았지요.

또한 정조는 능력 있는 사람이라면 신분을 가리지 않고 등용하였어요. 그래서 서얼 출신의 학자와 중인들도 조정에 진출할 수 있도록 하였어요. 또한 실학자들을 등용하여 더 좋은 나라를 만들고자 했어요. 실학자들의 기술을 인정하고 어떻게 하면 백성들이 더 살기 좋은 세상을 만들 수 있을지 그 방법을 연구했지요. 정조는 나라를 개혁하기 위해 도읍을 옮길 계획을 세우고 실학자 정약용으로 하여금 수원에 화성을 새로 짓게 하기도 했어요.

이렇게 정조는 고르게 인재를 등용하고 여러 가지 개혁을 시행하는 등 나라를 잘 다스려서 백성들이 편히 살도록 하고자 했어요. 그러나 과로로 인해 병이 심해져 1800년에 마흔아홉 살의 젊은 나이로 생을 마치게 되었어요. 정조가 갑작스럽게 숨을 거두면서 그동안 추진했던 각종 정책은 대부분 사라지게 되었고, 조선은 급격한 쇠락의 길을 걷기 시작했어요.

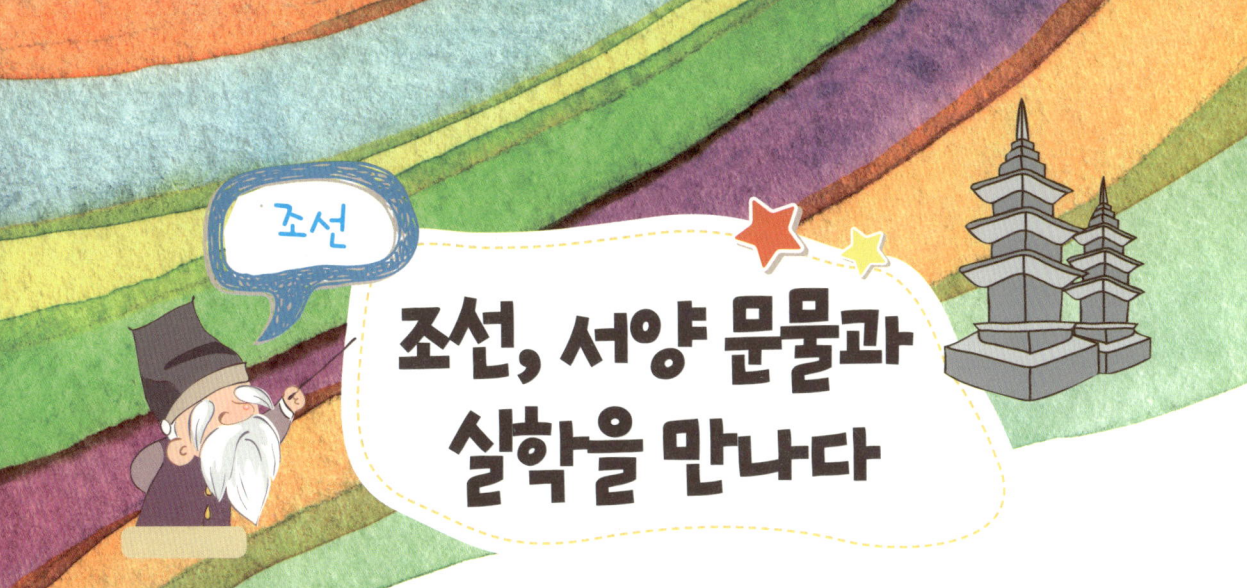

5학년 2학기 사회 1. 조선 사회의 새로운 움직임
6학년 2학기 사회 3. 정보화, 세계화 그리고 우리

사회 여러 분야의 변화를 꾀했던 실학자들

실학이란 17세기 중엽에 조선의 변화를 주장하며 나타난 학문이에요. 실생활에서 잘 쓰일 수 있는 학문으로 생활을 풍족하게 하자며 이용후생의 가치를 강조했어요.

17세기 조선의 정권을 잡고 있던 사람들은 공리공론만 거듭하고 백성들의 살림살이에는 신경을 쓰지 않았어요. 정치가 어지러워지고 백성들의 생활은 더욱 어려워졌어요. 그럼에도 불구하고

165

동양에 서양 문물을
전해 준 마테오 리치

당시 유학자들은 실생활과 관련이 없는 이론과 예법 문제에만 신경을 썼어요. 그러자 학문이 백성들의 삶에서 멀어진 것을 비판하며 실학을 연구하는 사람들이 생겨나기 시작했어요.

이들을 '실학자'라고 해요. 실학자들은 사회를 바꾸기 위해 정치, 경제, 사회 등 여러 분야에 걸쳐 개혁을 주장했어요. 실학자들은 이전까지는 천대해 왔던 기술의 중요성을 깨닫고, 기술을 키워나갈 것을 주장하기도 했어요. 한편 서양 문물의 과학성과 실용성에 크게 놀란 실학자들은 스스로 그러한 물건을 만들어 보기도 했는데, 서양의 자명종 기술을 이용한 '혼천 시계'가 대표적이에요.

조선 후기에 실학이 발전할 수 있었던 이유는 당시 서양의 여러 가지 문물이 조선에 들어왔기 때문이에요. 중국으로 갔던 사람들은 중국에서 서양 선교사들을 만나고, 과학 기술책도 읽으며 서양 문물을 일찍 접했어요. 그리고 그 문물들을 조선에 가지고 들어와 소개하기도 했어요. 이때 들어온 대표적인 서양 문물은 『곤여만국전도』, 자명종, 천리경 등이에요. 이처럼 17세기에 발생한 실학은 이후 18세기에 농업을 중시하는 중농학파와 상공업을 중시하는 중상학파로 발전했지요.

특히 우리나라에 들어온 최초의 세계 지도인 『곤여만국전도』는

마테오 리치가 제작한
『곤여만국전도』

조선 사람들이 생각을 바꾸는 데 많은 영향을 주었어요. 『곤여만국전도』는 1602년에 이탈리아인 마테오 리치가 베이징에서 제작한 것을 숙종 때 조선에서 따라 그린 서양식 세계 지도예요. 조선 사람들은 『곤여만국전도』를 처음 보고 깜짝 놀랐어요.

"아니, 중국이 세계의 중심에 있는 줄 알았더니만 세상에 중국말고도 이렇게 많은 나라들이 있었구나!"

그동안 중국이 세상의 중심이라고 생각하던 사람들은 중국 외에도 넓은 세계가 있다는 사실을 알게 되었어요.

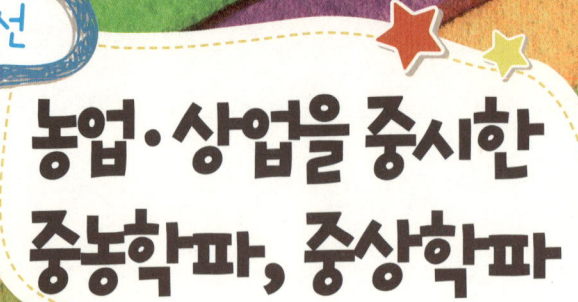

농업·상업을 중시한 중농학파, 중상학파

1학년 2학기 통합교과 우리나라 – 우리의 전통문화
5학년 2학기 국어 3. 의견과 주장
5학년 2학기 사회 1. 조선 사회의 새로운 움직임

유학에서 벗어나 농촌 문제와 상공업에 관심을!

17세기 중엽에 태동한 실학은 18세기에 들어서면서 농업을 중시하는 중농학파와 상공업을 중시하는 중상학파로 나뉘었어요.

중농학파는 "토지는 천하의 큰 근본이다."라며 농촌 문제에 관심을 갖고 토지 제도를 개혁하자고 주장했어요. 중농학파의 대표적인 실학자로는 유형원, 이익, 정약용 등이 있어요.

유형원은 『반계수록』을 지어 토지 제도의 문제점을 지적하고,

실제로 농사짓는 사람에게만 토지를 나누어 주자고 주장했어요. 그리고 이익은『성호사설』에서 "백성들을 잘살게 하려면 농사지을 수 있는 땅을 주고, 아무도 그 땅을 함부로 팔거나 사지 못하게

정약용의
『목민심서』

하여야 한다."라고 '한전론'을 주장했어요. 정약용도 토지 제도와 세금 제도의 개혁을 주장했어요. 특히 농사짓는 땅을 농민들이 공동으로 소유하여, 함께 농사짓고 수확물도 똑같이 나누자고 말했어요.

중상학파는 청나라의 선진 문물을 받아들이고 상공업을 발전시

WOW

실학의 대가 이익(1681~1763)

조선 영조 때의 실학자. 천문, 지리, 의학 등에 업적을 남겼으며 벼슬에 나가지 않은 채 책을 쓰고 제자들을 가르치는 데 힘썼어요.

정약용이 설계한
경기도 수원의 화성

킬 것을 주장했어요. 이들을 '북학파'라고도 불러요. 대표적인 학자로는 유수원, 박지원, 박제가, 홍대용 등이 있어요.

유수원은 기술을 강조하며 모든 직업을 평등하게 대해야 한다고 주장했어요. 그리고 박지원은 양반이면서도 『양반전』, 『허생전』, 『호질』 등의 소설을 써서 당시 양반 제도의 문제점을 비판했어요. 또한 『열하일기』를 통해 적극적으로 청나라의 문물을 받아들일 것을 주장했어요. 이처럼 실학은 실용적인 학문으로서 점차 자리를 잡아갔어요.

거중기를 고안한 다산 정약용(1762~1836)

조선 후기의 학자예요. '다산'이라는 호로 더욱 유명하지요. '토지는 천하의 근본'이라고 주장했던 중농학파의 대표적인 실학자이기도 해요. 정조가 수원 화성을 지을 때 거중기를 고안해 큰 도움을 줬지요. 이뿐만 아니라 조선의 낡은 제도를 뜯어고치기 위해 많은 노력을 기울였어요. 또 『목민심서』, 『경세유표』를 비롯한 많은 책을 집필했어요.

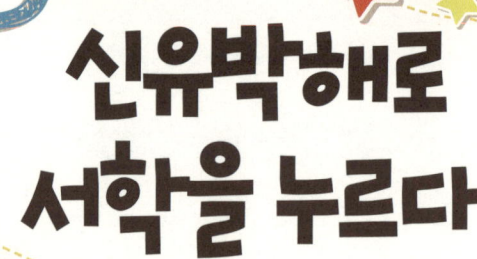

신유박해로 서학을 누르다

5학년 2학기 사회 1. 조선 사회의 새로운 움직임
6학년 2학기 사회 3. 정보화, 세계화 그리고 우리

조선 사회에 들어온 천주교

서학이란 넓은 의미에서 조선 중기 이후 조선에 전래된 서양 사상과 문물을 말하지만, 좁은 의미로는 당시 청나라를 통해 전래된 가톨릭교를 말해요. 다른 말로는 '천주교'라고도 해요.

서학은 서양 문물과 함께 조선에 처음 전해졌어요. 이수광이란 사람이 『지봉유설』이라는 책에서 명나라에 와 있던 선교사 마테오 리치의 『천주실의』를 소개한 것이 서학을 받아들인 시초라고 해

우리나라 최초의
서양식 교회 건축물인
약현성당

175

천주교인들의
집회 모습

요. 『홍길동전』을 쓴 허균은 중국과 우리나라를 오고 가면서 서학에 관심을 쏟았어요. 유학자들은 서학을 종교 생활의 대상으로서가 아니라 학문적인 호기심의 대상으로 여기고 흥미를 느꼈어요. 또한 하층 계급에 속하는 사람들에게는 괴로운 현실을 버텨 낼 수 있도록 하는 새로운 신앙의 발판이 되었어요. 서학 사상은 전통적인 유교적 규범에서 벗어나기를 원했던 사람이 많던 당시 사회 분위기에 안성맞춤이었어요. 그래서 양반, 중인, 상인 그리고 부녀자층까지 급속도로 전파되었어요.

이렇게 되자 조선 지배층은 깜짝 놀라면서 서학을 억누르기 시작했어요. 그 대표적인 사례가 바로 1801년 순조 1년에 일어난 신유박해예요. 정조가 죽고 왕위에 오른 순조는 나이가 아주 어려서 정순 왕후가 섭정을 하고 있었어요. 정순 왕후는 노론과 손잡고, 반대파 소론을 억누르기 위해 대대적으로 서학을 억눌렀어요. 노론의 반대파인 소론과 남인 들 중에 서학을 믿는 사람들이 많았기 때문이지요. 그래서 서학에 대해 금지령을 내리고 서학을 믿는 사람들을 잡아들이기 시작했어요.

이 신유박해로 이승훈, 정약용 등 천주교도와 개혁 사상을 가진 사람들이 처형당하거나 유배를 떠나야 했어요. 이때 죽은 사람들이 약 100여 명에 달했다고 해요. 서학은 직접적으로 조선 사회를 크게 변화시키지는 못했다는 평가를 받아요. 하지만 유형원, 안정복, 정약용 등 실학자의 사상을 형성하는 것에 큰 영향을 미치면서 조선이 앞으로 개화하는 데 기초를 다질 수 있게 해 주었어요.

천주교와 바티칸 시국

천주교는 '로마 가톨릭교' 또는 '가톨릭교'를 말해요. 예수 그리스도를 구세주로 믿는 기독교의 하나예요. 이탈리아 로마에는 '바티칸 시국'이라는 세계에서 가장 작은 독립 국가가 있는데요. 바로 이곳에 전 세계 천주교의 중심지인 교황청과 천주교의 우두머리인 교황이 있어요. 또 천주교의 모든 성직자는 결혼을 하지 않아요. 우리나라에 처음 천주교가 들어온 것은 17세기였어요.

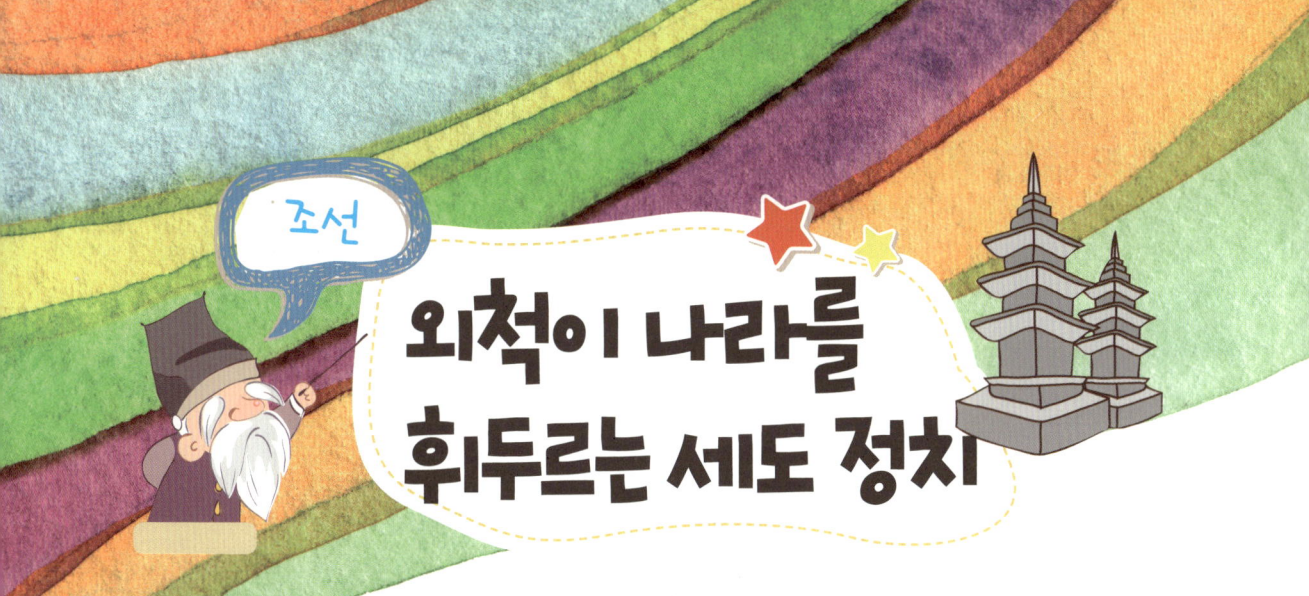

외척이 나라를 휘두르는 세도 정치

5학년 2학기 사회 1. 조선 사회의 새로운 움직임

임금이 아닌 일개 가문이 나라를 주무르다

제23대 임금 순조는 정조가 갑자기 죽는 바람에 1800년 열한 살의 나이로 임금의 자리에 올랐어요. 순조는 학문을 좋아하고 검소함을 몸소 실천한 왕이었어요. 궁궐 안에서 잔치를 즐기지 않았고, 공식적인 자리 외에는 비단옷 대신 무명옷을 입었어요. 그러나 왕권이 약해서 자신의 생각과 의지대로 모든 일을 처리하지는 못했어요.

서울 서초구 내곡동에
위치한 순조의 능인 인릉

순조는 아주 어린 나이에 임금이 되었기 때문에 나랏일을 볼 수 있는 나이가 되기까지 어머니 정순 왕후가 수렴청정을 했어요. 그런데 정순 왕후는 자신의 친정인 경주 김씨에게 관직을 몰아 주고 권력을 남용했어요.

이처럼 왕실과 혼인을 맺은 몇몇 가문이 권력을 독점하여 온갖 일을 마음대로 하는 정치를 '세도 정치'라고 해요. 원래 세도 정치란 말은 정조가 아끼던 홍국영이라는 신하가 독단적으로 권력을 휘두르면서 처음 생겨난 말이에요. 세도 정치가 날이 갈수록 심해지면서 순조는 허수아비와 같이 자신의 뜻대로 정치를 펴지 못했어요.

순조가 성장한 이후 정순 왕후가 수렴청정을 거두면서 순조는 자신의 뜻대로 정치를 해 보려고 했어요. 하지만 김조순이 정권을 잡고 안동 김씨가 중앙의 요직을 독점하여 세도 정치를 계속했어요. 정치는 엉망이 되었고 나라에 부정과 부패가 극에 달했어요. 관직을 돈으로 사고파는 일이 공공연해졌고, 과거 제도가 문란해졌어요. 벼슬을 사서 관리가 된 자들은 다시 백성들을 괴롭혀서 백성들의 고통은 날이 갈수록 심해졌어요. 생활이 어려워진 농민들은 노비가 되거나 떠돌이 생활을 하게 되었어요. 나라에 불만을 갖게

홍국영이 유배되었던
강원도 강릉시의 가옥

된 농민들은 여럿이 모여서 반란을 일으키기도 했어요.

이런 어려움 속에서도 순조는 『양현전심록』, 『대학유의』 등 여러 권의 책을 펴냈고, 일본에 통신사를 보내어 외교적인 활동을 했어요. 순조는 34년이라는 오랜 세월 동안 왕위에 있었지만 안동 김씨의 세도 정치에 밀려 정치적인 영향력을 발휘해 보지 못했어요. 순조는 세도 정치를 몰아내기 위해 많은 노력을 했지만 끝내 그 뜻을 이루지 못하고 마흔다섯 살의 나이로 세상을 떠났어요.

이렇게 해서 임금보다 권력을 가진 가문이 나라를 좌지우지하는 세도 정치가 자리 잡고 말았어요. 조선 후기 세도 정치는 순조 때부터 헌종, 철종의 3대 임금이 있는 동안 60여 년에 걸쳐 지속되었어요.

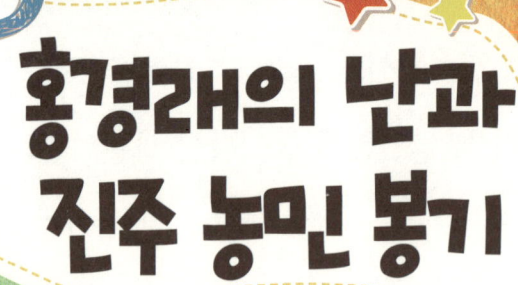

5학년 2학기 사회 1. 조선 사회의 새로운 움직임
5학년 2학기 사회 2. 새로운 문물의 수용과 민족 운동

세도 정치에 지친 백성들이 들고일어나다

19세기에 들어와 세도 정치로 농민층의 불만이 커지면서 농민 봉기가 곳곳에서 일어났어요. 그중에서도 홍경래의 난과 진주 농민 봉기가 대표적이에요.

홍경래의 난은 몰락한 양반인 홍경래가 순조 11년인 1811년 평안도에서 일으킨 봉기예요. 홍경래는 유교와 풍수지리에 능했지만 나라에서 시골 선비에 대한 차별이 심하여 관직에 나아가지 못하

진주 농민 봉기 당시
농민들이 점령했던
경남 진주의 진주성

진주민란 때
흠집이 난 경남 고성군의
옥천사 대종

고 있었어요. 그러자 홍경래는 조선 사회에 불만을 품었고 사람들을 모아서 봉기를 일으키기로 했어요.

홍경래가 사람들에게 말했어요.

"지배층들은 배불리 먹으며 잘 사는데, 백성들은 먹고살기도 힘든 실정이오. 이렇게 부당한 현실에 어떻게 가만히 있을 수 있겠소? 우리 다 같이 세상을 바꿔 봅시다."

"좋습니다. 이렇게 차별 받으면서 사는 것도 지긋지긋합니다. 장군을 따라 싸우겠습니다."

지배층의 수탈에 시달리던 농민들과 평안도 지역 사람들을 부당하게 차별하는 것에 불만을 품어 오던 평안도 지방 사람들이 봉기에 적극적으로 참여하였어요.

홍경래가 이끄는 군은 한때 청천강 이북의 여덟 개 고을을 모두 점령하기도 했으나, 싸움이 길어질수록 지도층의 의견이 갈리고 관군이 반격하면서 평안북도 정주성으로 쫓겨나게 되었어요. 결국 이듬해 4월 19일 정주성 싸움에서 패하면서 난은 끝이 났어요.

진주 농민 봉기는 1862년 철종 13년에 경상도 진주에서 일어난 농민 봉기예요. 계속되는 세도 정치로 백성들은 지쳐 있었어요. 이때 경상도의 서쪽이었던 경상우도에 백낙신이라는 사람이 병마절

도사로 부임해 왔어요. 백낙신은 백성들을 더욱 절망에 빠지게 만들었지요. 백낙신이 부임해 오자마자 갖은 이유를 대며 백성들에게 세금을 강제로 거두었기 때문이에요. 심지어 이미 죽은 사람에게도 세금을 내야 한다며 억지를 부렸어요.

몰락한 양반들과 농민들은 항의했지만 상황은 전혀 나아지지 않았어요. 가혹한 수탈에 견디다 못한 이들은 결국 봉기를 일으켰어요. 봉기군은 진주성을 점령했지만, 금세 반란은 진압되고 말았어요. 하지만 진주 농민 봉기를 시작으로 이와 비슷한 민란이 충청도, 전라도, 경상도로 삽시간에 번졌고, 함경도와 제주도에도 영향을 주었어요.

홍경래의 난과 진주 농민 봉기 같은 농민 봉기는 모두 실패로 끝났지만 이 과정을 통해 농민층은 사회를 개혁하고자 하는 의지를 키워 나갔어요. 이러한 농민층의 성장은 이후 동학 농민 운동의 밑거름이 되었지요.

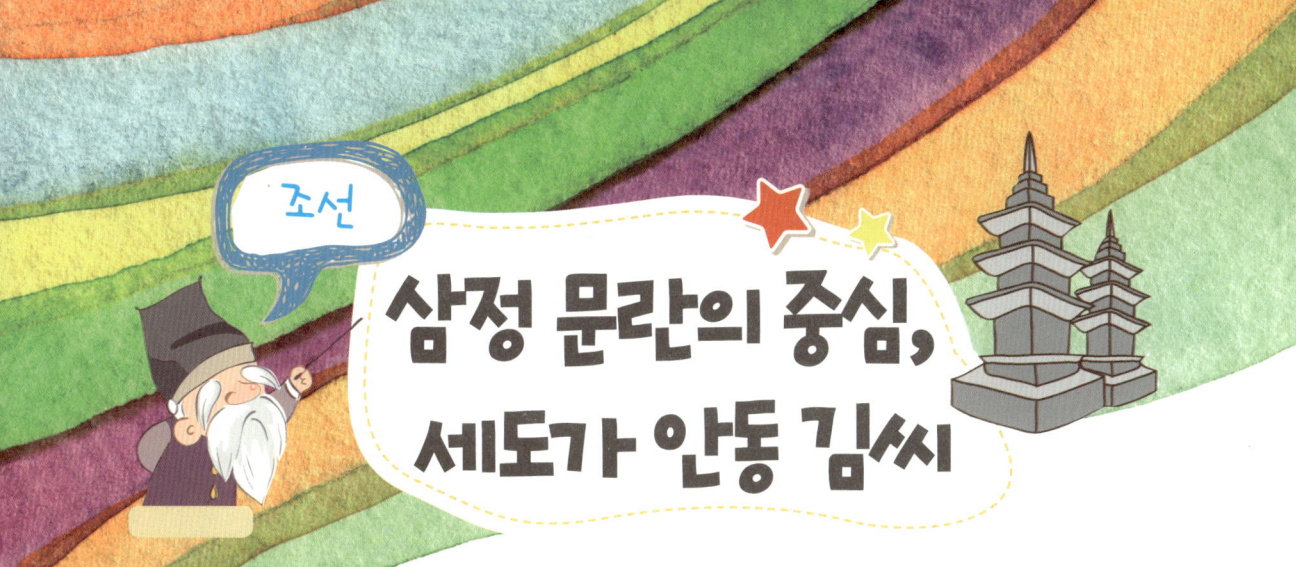

삼정 문란의 중심, 세도가 안동 김씨

5학년 2학기 사회 1. 조선 사회의 새로운 움직임

나라보다 내 가문이 먼저!

삼정 문란이란 조선 후기 세금을 거두는 세 가지 방법이 문란해진 것을 말해요. 삼정에는 전정, 군정, 환곡이 있어요.

먼저 전정이란 토지에 부과하는 세금이에요. 1결당 일정량의 곡식을 토지세로 거두는 거예요. 그런데 조선 후기로 갈수록 부정한 관리들이 토지세인 전정 외에도 잡다한 세금을 부과하기 시작했어요. 군정이란 남자들이 직접 군대에 가서 일을 하거나 옷감

189

화재로 인해 반 정도만 남은 철종의 어진

을 내는 것을 말해요. 조선 후기에는 대부분 옷감을 내고 군대에 가지 않았어요. 그런데 지배층은 갖은 수를 써 자신들이 부담해야 할 옷감을 백성들에게 떠넘겼어요.

환곡이란 곡식을 구하기 힘든 보릿고개 시기에 나라에서 백성들에게 곡식을 빌려 주고, 가을에 이자를 붙여 돌려받던 제도를 말해요. 좋은 의도에서 시작되었지만 지방 관리들이 곡식을 빌려 주고 비싼 이자를 받아 챙기면서 문제가 생겼어요. 심지어 곡식을 억지로 빌려줘서 이자를 내게 하게 경우도 있었어요.

이처럼 관리들의 부패로 백성들의 삶은 점점 더 어려워져만 갔어요. 이 삼정 문란의 중심에 세도가 집안인 안동 김씨가 버티고 있었어요. 안동 김씨는 순조, 헌종, 철종 3대 임금에 걸쳐 60년 동안

가장 넘기 힘든 고개, 보릿고개

묵은 곡식은 거의 떨어지고 보리는 아직 여물지 않아, 농촌의 식량 사정이 가장 어려운 때를 비유적으로 이르는 말이에요.

외척으로서 정권을
장악한 김조순

왕의 외척으로서 중요한 자리를 독점하고 세도 정치를 행한 일가였어요.

순조가 왕위에 오르자 안동 김씨 김조순은 자신의 딸을 순조와 결혼시키고 정권을 장악했어요. 그 뒤 한때 풍양 조씨가 권력을 잡기도 했지만 헌종이 왕위를 이으면서 다시 안동 김씨가 권력을 잡았어요. 안동 김씨는 헌종의 뒤를 이어 철종을 임금 자리에 앉히고 권세를 마음껏 휘둘렀어요. 그러나 철종이 아들이 없이 세상을 뜨자 고종이 즉위하고 대원군이 정권을 잡게 되면서 안동 김씨는 몰락하고 말았어요.

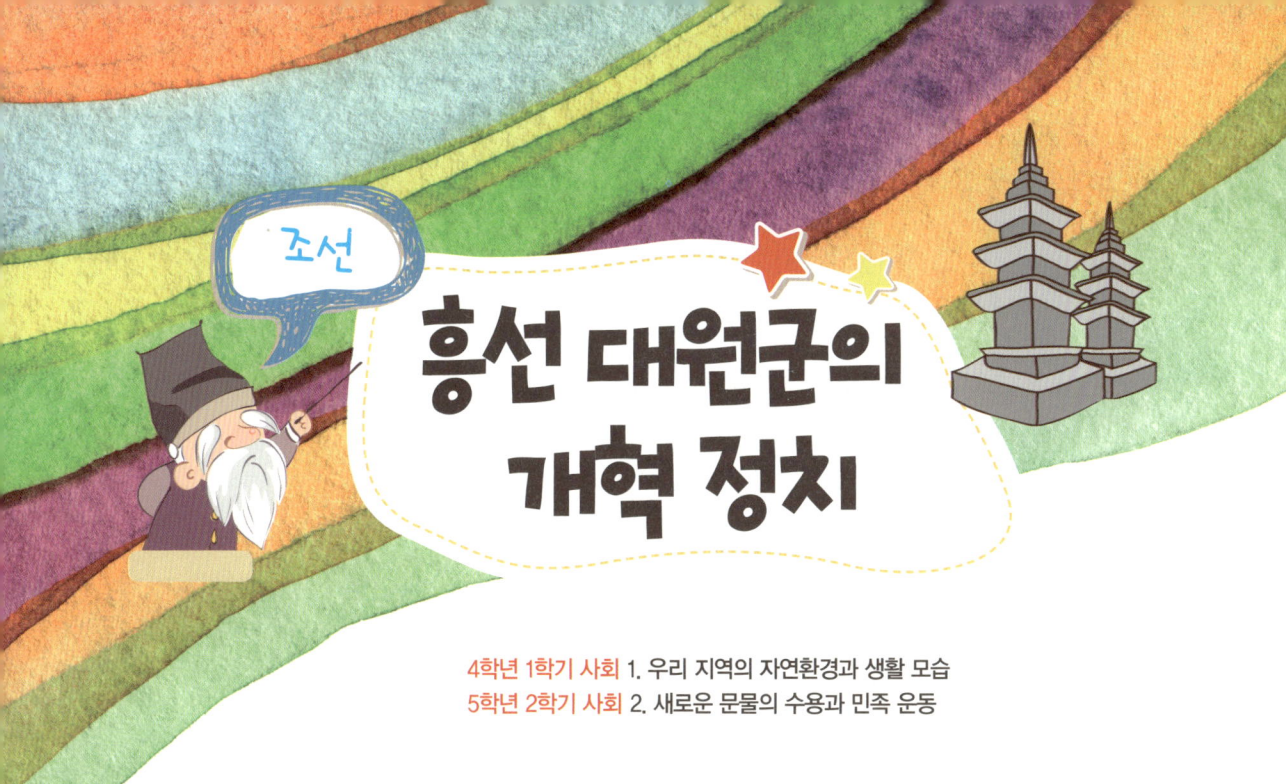

흥선 대원군의 개혁 정치

4학년 1학기 사회 1. 우리 지역의 자연환경과 생활 모습
5학년 2학기 사회 2. 새로운 문물의 수용과 민족 운동

흥선 대원군의 개혁 그리고 경복궁과 당백전

왕족인 흥선 대원군은 왕족에 대한 안동 김씨의 탄압이 심해지자 살아남기 위해 일부러 불량배와 어울려 놀며 그들을 안심시켰어요. 흥선 대원군은 안동 김씨를 비롯해서 많은 사람들에게 갖은 조롱을 당했지만 훗날을 생각하며 참아냈지요.

어느 날, 흥선 대원군은 안동 김씨 가문의 잔치에 찾아갔어요. 부르지도 않은 흥선 대원군이 나타나자 사람들은 저마다 조롱 섞

쇄국 정책을 주장한
흥선 대원군

인 말을 한마디씩 했어요. 어느덧 날이 저물고 잔치가 끝날 때가 되자 안동 김씨 사람이 하인을 향해 소리쳤어요.

"여봐라, 남은 음식을 하나도 버리지 말고 싸서 대감에게 드려라. 개한테 주느니, 차라리 대감이 가져가는 게 낫지 않겠느냐?"

술잔을 기울이던 흥선 대원군은 자존심이 상했지만 넉살 좋게 웃으며 말했어요.

"잘 먹었으니 음식은 됐소. 그냥 다음에도 꼭 불러 주시오."

흥선 대원군은 자신을 망신시키려 한 사람에게 크게 손을 흔들며 자리를 떠났어요.

이렇게 온갖 수모를 견디던 흥선 대원군은 철종이 자식 없이 세상을 뜨자 대왕대비에게 접근했어요. 그리고 결국 둘째 아들 고종을 조선 제26대 임금으로 만드는 데 성공했어요. 당시 고종은 열두 살이었기에 어린 아들을 대신해 흥선 대원군이 정치를 대신하는 섭정을 시작했어요. 이에 흥선 대원군은 그동안 세도가에 의해 엉망이 된 조선을 바로 세우기 위한 개혁을 시작하였어요.

먼저 흥선 대원군은 부패한 관리를 쫓아내고 신분, 계급, 출생지의 차별 없이 평등하게 관리를 등용했어요. 그리고 국가 재정의 낭비와 당쟁을 없애기 위해 모범적인 47개 서원을 제외한 전국의 모

재위 21년이던
1884년의 고종 모습

든 서원을 없애 버렸어요. 흥선 대원군은 세금 제도를 고치는 등 과감한 개혁 정치를 추진하며 나라를 안정시켰어요. 또한 『대전회통』 등의 법전을 펴내 법률 제도를 굳건히 만들기도 했어요.

흥선 대원군은 왕실의 권위를 세운다는 명목으로 임진왜란 때 불에 타 버린 경복궁을 다시 짓기 시작했어요. 그러나 경복궁을 완성하기 위해 기부금을 모으려고 원납전과 당백전을 발행하는 등 무리를 하면서 백성들로부터 원성을 사게 되었어요. 그리하여 조선의 제1궁인 경복궁이 270년 만에 다시 지어졌지만 이 일로 흥선 대원군은 물러나게 되었어요.

왕은 아니지만 왕의 아버지였던 대원군

조선 시대에 왕위를 계승할 자손이나 형제가 없어 친척이 왕위를 이어받을 때, 그 왕의 친아버지를 일컫던 말이에요.

서양 세력을 내쫓은 병인박해와 병인양요

5학년 2학기 사회 2. 새로운 문물의 수용과 민족 운동
6학년 1학기 사회 1. 우리 국토의 위치와 영역
6학년 2학기 사회 2. 세계 여러 지역의 자연과 문화

천주교, 정치에 이용되고 박해 받다

1864년 고종 1년에 러시아인들이 함경도에 쳐들어와서 자신들과 무역할 것을 요구했어요. 조선은 당황하여 어쩔 줄 모르고 있었어요. 이때 천주교도들이 프랑스와 손잡을 것을 흥선 대원군에게 제안했어요. 조선에 들어와 있는 프랑스 선교사를 통해 프랑스의 도움을 받아 러시아인들을 쫓아내자고 한 거예요. 흥선 대원군은 프랑스의 제의를 받아들였지만 프랑스는 별 도움이 되지 않았

성 김대건 안드레아 신부 생가터

우리나라 최초의
신부인 김대건 신부의
생가 터

고 오히려 흥선 대원군이 외국 천주교인과 친하게 지낸다는 비난만 일게 되었어요.

이에 흥선 대원군은 천주교에 책임을 돌렸어요. 그래서 1866년 고종 3년에 천주교 금지령을 내리고 조선에 들어와 있던 프랑스 선교사 열두 명 가운데 아홉 명을 죽였어요. 또 조선인 천주교인 약 8천여 명을 학살했어요. 이 같은 우리나라 최대 규모의 천주교 박해 사건을 '병인박해'라고 해요.

병인박해 사건에 대해 프랑스가 화를 내며 함대를 끌고 강화도로 쳐들어온 사건을 '병인양요'라고 해요. 중국에서 천주교를 박해한다는 소식을 전해 들은 프랑스군은 함대 일곱 척과 600명의 군대를 이끌고 조선으로 들어와 강화도를 점령해 버렸어요. 프랑스는 선교사 학살을 비난하면서 책임자를 처벌하고 자신들과 조약을 맺으라고 요구했어요. 그러나 조선은 거절했고 결국 전투가 시작되었어요.

프랑스군은 조선군에게 공격을 퍼부었어요. 하지만 정족산에서 양헌수가 이끄는 500명의 군사들이 이들을 물리쳤어요. 프랑스군은 조선을 굴복시키는 것이 어렵다는 것을 깨닫고 공격한 지 40여 일 만에 조선에서 물러나기로 했어요. 하지만 프랑스군은 순순히 물러나지 않고 관아에 불을 지르며 서적, 무기, 보물 등을 약탈해 갔어요. 이때 외규장각 도서도 프랑스로 건너가게 되었어요. 이 사건 이후 우리나라는 서양에 대해 더욱 경계심을 품은 채 나라 문을 꽁꽁 걸어 잠그게 되었어요.

우리나라 최초의 천주교 신부 김대건(1822~1846)

우리나라 최초의 천주교 신부이자 천주교에서 선포한 성인이에요. '김대건 안드레아 신부'라고도 부르지요. 증조할아버지도 할아버지도 모두 천주교도인 집안에서 태어났어요. 1836년 프랑스 신부에게 세례를 받은 다음 중국으로 건너가 성직자 교육을 받고 다시 조선으로 돌아왔어요. 그리고 1844년에 정식 신부가 되었지요. 그러나 1846년 조선 정부에 붙잡혀 순교하였답니다.

외세를 몰아내고 척화비를 세우다

5학년 2학기 사회 2. 새로운 문물의 수용과 민족 운동
6학년 1학기 사회 1. 우리 국토의 위치와 영역
6학년 2학기 사회 2. 세계 여러 지역의 자연과 문화

끝없이 쳐들어오는 서양 세력을 물리치다

1866년 고종 3년에 미국 무역선인 제너럴셔먼호가 평양의 대동 강에 나타나 통상을 요구했어요. 이 배에는 서양 물건이 잔뜩 실려 있었고, 사람들은 총이나 칼 따위를 가지고 있었어요. 그들은 백성 들을 약탈하고 관리를 잡아 가두며 행패를 부렸어요. 이에 분노한 평양 사람들은 제너럴셔먼호를 불살라 가라앉혔어요. 이 사건을 '제너럴셔먼호 사건'이라고 해요.

신미양요 당시
미군에 점령 당한
강화도 초지진

　이 사건을 뒤늦게 알게 된 미국은 제너럴셔먼호 사건을 빌미로 1871년 다섯 척의 군함을 이끌고 강화도로 쳐들어 왔어요. 미국 사람들은 조선 사람들에게 말했어요.

　"우리는 조선과 무역을 하고 싶소. 우리와 무역을 한다면 제너럴셔먼호 사건을 덮고 조선을 공격하지 않겠소."

　"우리는 외국과 무역하지 않겠소."

　조선 사람들이 거부하자, 미국은 조선을 공격했어요. 이를 '신미

1871년
흥선 대원군이
세운 척화비

양요'라고 해요.

미군은 강화도 초지진을 점령하고 덕진진과 광성진을 차례로
점령했어요. 하지만 어재연이 이끈 군대를 포함해 조선은 미국을
막아냈어요. 결국 광성진 전투에서 피해를 입은 미국 함대는 조선
과 통상하겠다는 뜻을 이루지 못하고 돌아갔어요.

병인양요와 신미양요에 걸쳐 서양의 침략을 막아내자 조선은 자신감을 갖게 되었어요. 이에 흥선 대원군은 철저하게 외국 세력을 물리치는 정책을 펴기로 했어요. 그래서 신미양요가 끝난 뒤 서울 종로와 전국 각지에 척화비를 세웠어요.

척화비에는 "서양 오랑캐가 침입하는데 싸우지 않으면 화친하는 것이요, 화친을 주장하는 것은 나라를 팔아먹는 것이다."라는 뜻의 열두 자가 큰 글씨로 새겨져 있어요. 서양 오랑캐와는 친하게 지낼 수 없다는 내용을 담은 거예요. 이후 10여 년간 조선은 바깥의 변화에 눈 감고 외국과 교류를 끊은 채 방어하는 통상 수교 거부 정책을 쓰게 되었어요.

병인양요와 신미양요가 벌어진 초지진

조선 시대 해상으로부터 침입하는 적을 막기 위해 강화군에 세운 방어 시설로, 신미양요와 병인양요 때 격렬한 싸움이 벌어졌던 곳이지요.

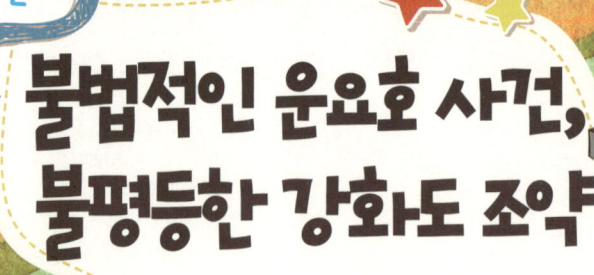

조선

불법적인 운요호 사건, 불평등한 강화도 조약

5학년 2학기 사회 2. 새로운 문물의 수용과 민족 운동
6학년 1학기 사회 1. 우리 국토의 위치와 영역
6학년 2학기 사회 2. 세계 여러 지역의 자연과 문화

일본이 강제로 맺은 불평등 조약

흥선 대원군이 물러나고 고종이 정치를 하자, 쇄국 정책을 펴던 조선의 외교에도 변화가 나타났어요. 이때 일본은 메이지 유신을 통해 서양식 근대화를 시작한 뒤, 조선에게 개항할 것을 적극적으로 요구했어요. 조선에 물건을 팔아 이득을 보려는 생각을 했던 거예요. 그래서 일본은 1875년 고종 12년에 군함 운요호를 이끌고 조선 해안을 연구하기 위해 왔다는 핑계를 대며 강화도 앞바다에 불

일본과 강화도 조약을
체결한 강화 산성

법 침입했어요. 이에 해안 경비를 서던 조선 수군이 운요호를 공격했고, 일본은 보복으로 대포를 쐈어요. 그리고 육지로 와서 조선 수군을 공격하고 사람들을 죽이고는 재산을 약탈해갔어요. 이 사건을 '운요호 사건'이라고 해요. 운요호 사건은 조선의 땅에 마음대로 일본이 들어온 것이었으므로, 힘을 내세운 불법 행동이었어요.

그럼에도 불구하고 다음 해인 1876년, 일본은 운요호 사건의 책임을 묻는다는 구실로 군함을 이끌고 조선으로 쳐들어 왔어요. 놀란 조선은 갈등한 끝에 일본의 요구를 받아들여 강화도에서 조약을 맺게 되었어요. 이때 맺은 조약을 '강화도 조약'이라고 해요. 강화도 조약은 우리가 근대 국가로서는 처음으로 스스로 맺은 조약이에요. 강화도 조약의 주요 내용은 다음과 같아요.

1조 : 조선국은 자주국이며 일본과 평등한 권리를 갖는다.

4조 : 부산 외에 두 곳을 개항하고, 일본인이 왕래함을 허락한다.

7조 : 일본의 항해자가 자유로이 해안을 조사하도록 허가한다.

10조 : 일본 사람이 조선 항구에 머무르는 동안에 죄를 저지른 것이
      조선 사람과 관계되는 사건일 때는 모두 일본 관원이 심판할
      것이다.

운요호 사건을
그린 그림

강화도 조약은 조선에게 불리한 내용이 많이 들어 있었어요. 세계적인 흐름에 아직 어두웠던 조선은 조약을 맺는 것에 대해 잘 몰랐던 거예요. 강화도 조약 중 대표적으로 불평등한 내용은 다음과 같아요.

첫째, 일본 상인이 조선의 바닷가를 자유롭게 조사하고 다닐 수 있게 허락해 주어서(7조) 일본은 우리나라 지도를 자세하게 만들어 훗날 우리나라를 쉽게 침략할 수 있었어요.

둘째, 조선에서 범죄를 저지른 일본인을 제대로 처벌할 수 있는 조항이 없었어요(10조). 조선인과 일본인이 서로 거래를 하다 보면 여러 가지 문제가 생길 수 있는데, 강화도 조약에는 일본 사람이 죄를 저지르더라도 우리나라에 온 일본 영사가 일본인 범죄자들을 재판한다고 정해져 있는 거예요. 이것을 '치외 법권'이라고 해요. 이 조항 때문에 일본인들이 저지르는 나쁜 행동에 대해 조선은 아무 대응도 할 수 없었어요.

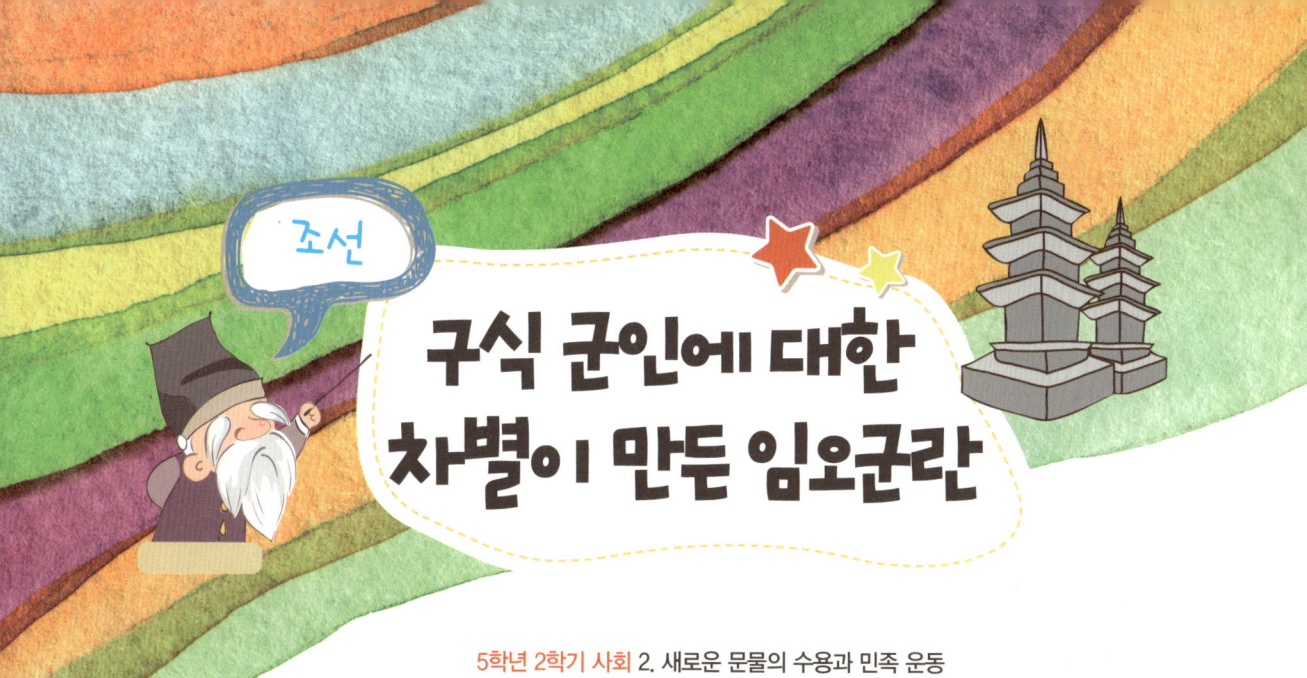

구식 군인에 대한 차별이 만든 임오군란

5학년 2학기 사회 2. 새로운 문물의 수용과 민족 운동
6학년 1학기 사회 1. 우리 국토의 위치와 영역

임오군란으로 맺게 된 불평등한 제물포 조약

임오군란은 1882년 고종 19년에 일어난 군인들의 반란을 말해요. 조선은 일본과의 강화도 조약 체결 이후 일본의 후원을 받아서 그동안 조선을 지켜 왔던 구식 군대와 다른 신식 군대인 별기군을 만들었어요. 흥선 대원군이 있을 때는 구식 군대도 나름 좋은 대우를 받았지만, 고종과 명성 황후가 정권을 잡게 되자 사정이 달라졌어요. 좋은 것은 신식 군대인 별기군이 다 차지하고 구식 군대

는 차별을 받았어요. 게다가 구식 군대의 월급이 무려 13개월 동안 나오지 않았어요. 차별을 받던 차에 월급으로 지급되던 쌀마저 장기간 나오지 않자 불만은 폭동으로 번져 갈 만큼 위험해지기 시작했어요. 그나마 13개월 만에 월급으로 나온 쌀은 온통 겨와 모래가 섞여 있어 진짜 쌀은 절반도 되지 않았어요. 이에 화가 난 군인들은 쌀을 나눠 주던 관리에게 항의를 했어요.

"13개월 만에야 나온 쌀에 모래가 반이나 섞여 있으니 우리더러 뭘 먹고 살란 말입니까? 제대로 된 월급을 주십시오."

하지만 관리들은 구식 군인들의 요구를 들은 척도 하지 않았어요. 화가 난 군인들은 관리를 때렸고 그 일로 군인 네 명이 감옥에 갇히고 말았어요. 이에 구식 군인들은 감옥에 갇힌 동료 군인을 빼달라고 했지만 이를 들어주지 않자 반란을 일으켰어요.

반란을 일으킨 군인들은 포도청을 습격하고 많은 사람을 살해했어요. 군인들의 기세는 하늘을 찔렀

별기군복

임오군란을 진압한
청나라의 위안스카이

고 고종이 사태를 수습하기 벅찬 지경이 되었어요. 그래서 고종은
할 수 없이 아버지 흥선 대원군에게 정권을 넘기고 말았어요. 다시
정권을 잡은 흥선 대원군은 군인들에게 정상적인 급료를 지급하고
별기군을 폐지할 것을 약속했고, 임오군란은 진정이 되었어요.

권력을 잡은 흥선 대원군은 다시 개혁 정책을 추진하려고 했어
요. 그런데 명성 황후를 비롯한 흥선 대원군의 반대 세력이 청나라
에 도움을 요청했어요. 그러자 조선에 대한 영향력을 차지할 수 있

는 기회를 잡은 청나라는 군사를 보내 임오군란을 진압하고 흥선 대원군을 납치해 갔어요. 이로써 흥선 대원군의 정책은 무산되었고, 청나라가 조선에 영향력을 행사하게 되었어요.

한편 일본은 조선에 임오군란으로 생긴 피해를 보상해 줄 것을 요구했어요. 그래서 1882년 고종 19년에 조선과 일본은 제물포 조약을 체결하게 되었어요. 제물포 조약은 조선이 일본에게 손해 배상금을 내야 하는 등 일본에게 일방적으로 유리한 조약이었어요.

힘없는 나라의 설움이 드러난 제물포 조약

1882년에 임오군란으로 발생된 문제를 처리하기 위하여 일본과 맺은 조약이에요. 일본에 손해 배상금 50만 원을 지급할 것, 군란의 우두머리를 엄히 처벌할 것, 일본 공사관에 경비병을 머무르게 할 것 따위를 약속한 불평등한 조약이었어요.

개화파의 삼일천하, 갑신정변

5학년 2학기 사회 2. 새로운 문물의 수용과 민족 운동

조선에 필요한, 그러나 실패한 개혁의 꿈

임오군란을 진압한 청나라는 조선에 이것저것 간섭하기 시작했어요. 김옥균, 박영효와 같은 젊은이들은 계속되는 청의 간섭에서 벗어나 독립 국가를 건설해야 한다고 말했어요. 그리고 이를 위해서는 일본의 도움을 받으며 적극적으로 개화 정책을 추진해야 한다고 주장했어요. 이들은 유학을 가서 서양의 문물을 받아들여 발전한 일본의 모습을 보고 조선도 서양 문물을 받아들여야 한다고

갑신정변을 일으키기
전 개화당의 모습

생각한 거예요. 그래서 '개화당'을 만들고 혁명을 꿈꾸었어요.

마침내 이들에게 기회가 찾아왔어요. 마침 베트남에서 전쟁이 일어나자 청나라는 조선에 보냈던 군대 절반을 베트남 전쟁에 보냈어요. 청의 군대가 줄어들자, 김옥균을 비롯한 개화파는 1884년, 우정국이 생긴 것을 축하하는 잔치에서 정변을 일으켰어요. 이것이 갑신정변이에요. 개화파는 새 정부를 구성하고 혁신적인 개혁을 추진하려고 14개조의 개혁 요강을 발표했어요. 주요 내용은 다음과 같아요.

〈갑신정변의 개혁 요강〉

  - 세금 제도를 개혁하여 백성들을 평안하게 한다.

  - 청에 대해 자주적인 모습을 갖춘다.

  - 신분 차별 없이 능력에 따라 인재를 등용한다.

  - 탐관오리들을 처벌하고 백성들을 위한 정치를 한다.

  - 근대적인 기구를 두어 일을 잘 나누어 실행한다.

하지만 3일째 되던 날, 청나라 군대가 궁궐로 밀어 닥쳤고, 궁에 있던 일본군은 도망쳐 버렸어요. 결국 김옥균은 일본으로 망명하

우리나라에서 처음으로
근대식 우편 제도를
도입한 우정국

고, 나머지 개화파는 잡혀서 처형당했어요. 이로써 갑신정변은 3일 만에 끝이 났어요. 사람들은 새로운 나라를 세웠다가 3일 만에 끝나 버렸다며, 갑신정변을 '삼일천하'라고 불렀어요.

비록 3일 만에 끝이 났지만, 개화당이 하려고 했던 개혁은 조세 제도의 개혁이나 탐관오리 처벌, 평등과 같이 일반 백성들의 입장을 반영한 것들이었어요. 그러나 갑신정변은 일본군만 너무 믿고 일을 서둘러 추진하는 바람에 성공하지 못했어요. 게다가 백성들은 갑신정변이 왜 일어났는지 알지 못했어요. 충분한 설명이 부족했던 거예요.

갑신정변을 주도한 김옥균(1851~1894)

조선 고종 때의 정치가인 김옥균은 개화파의 지도자로 갑신정변을 주도한 인물이에요. 비록 갑신정변은 실패로 끝났지만, 우리나라 개화 사상의 형성에 크게 기여했지요.

조선

사회를 바꾸려 했던 동학 농민 운동

5학년 2학기 사회 1. 조선 사회의 새로운 움직임
5학년 2학기 사회 2. 새로운 문물의 수용과 민족 운동

백성들의 목소리에 귀를 막았던 조선 정부

동학이란 우리 사회에 맞는 종교가 필요하다고 생각해서 최제우가 만든 민족 종교예요. 동학이라는 이름은 서양 종교인 서학에 반대하는 의미에서 붙여졌어요. 최제우는 유교, 불교, 도교, 무속 신앙들의 교리를 합하고 인내천을 중심 사상으로 삼았어요. 인내천은 사람이 곧 하늘이라는 말로, 모든 사람은 다 존중 받을 가치가 있다는 뜻을 담고 있어요. 이러한 사상 때문에 동학은 백성들로

동학을 창시한
최제우

부터 크게 환영을 받아 널리 퍼져 나갔어요.

동학은 단순한 종교를 넘어 사회를 바꾸려는 동학 농민 운동으로까지 번져 갔어요. 계기가 된 것은 1894년에 일어난 고부 민란이에요. 고부 군수 조병갑은 부정부패를 일삼고 강제로 일을 시키는 등 농민들을 힘들게 했어요. 결국 견디다 못한 농민들이 전봉준을 중심으로 들고 일어나 관아를 점령하고 조병갑을 쫓아냈어요. 동학 농민군은 새로 온 사또로부터 농민들의 요구 사항을 들어주겠다는 약속을 받고 흩어졌어요. 그러나 정부에서 내려온 관리 이용태가 오히려 농민군을 역적으로 몰아세웠어요.

화가 난 농민들은 다시 일어났고, 전봉준은 수천 명의 농민들과 다른 지역의 동학 지도자들을 모아 다시 전주성을 점령했어요. 이에 조선 정부가 청나라에 군사 지원을 요청해서 청나라의 군대가 조선에 들어오게 되었어요.

전봉준은 외국의 간섭을 막기 위해 조선 정부와 전주 화약을 맺고 군사를 물렸어요. 조선 정부는 농민과 함께 제도를 뜯어 고치고, 전라도 지방에 집강소라는 개혁 기관을 세우자는 농민의 요구를 받아들였어요.

백성 스스로 탐관오리를 처단한 동학 농민 운동

1894년 전라도 고부에서 시작되었던 농민 운동이에요. 당시 전라도 고부군의 군수였던 조병갑은 아주 유명한 탐관오리였어요. 조병갑의 횡포에 너무나도 지친 농민들은 동학도와 함께 모여 관아로 쳐들어갔어요. 이들은 충청도, 전라도, 경상도 지방까지 세력을 떨쳤지만 청나라와 일본이 끼어들어 실패로 끝났지요. 그러나 동학 농민 운동의 정신은 끊이지 않고 훗날 3·1운동과 항일 의병 투쟁으로 이어졌답니다.

동학 농민 운동에 참여한 사람들의 이름을 사발 모양으로 둥글게 돌려 적은 사발통문

이때 일본군이 청나라를 따라서 동학 농민 운동을 진압하겠다는 구실로 조선에 들어 왔어요. 일본도 조선을 지배하고 싶어 했기 때문이에요. 조선 정부는 일본군에게 농민군과 화약을 맺었으니 조선 땅에서 물러나라고 요구했어요. 그러나 일본은 오히려 조선을 협박하여 갑오개혁을 추진하며 김홍집을 내세워 친일 정부를 만들었어요. 급기야 1894년에 조선 땅에서 청일 전쟁을 일으켰어요.

상황이 이렇게 되자 동학 농민군은 다시 군대를 일으켜 우리 땅에서 전쟁을 일으키고 조선의 정치에 간섭하는 다른 나라들을 쫓아내기 위해 싸웠어요.

하지만 동학 농민군이 최신 무기를 가진 일본군을 상대하기에는 역부족이었어요. 결국 동학 농민군은 공주 우금치 전투에서 패하고 말았어요. 전봉준, 손화중을 비롯한 동학 농민군 지도층의 대부분이 체포되고 처형되었고, 동학 농민 운동 또한 막을 내리게 되었어요. 이후 동학은 일제 강점기에 천도교로 이름을 바꾸고 교육 활동과 독립운동에 힘썼어요.

동학을 만든 최제우(1824~1864)

동학을 처음으로 만든 최제우는 1860년 한울님을 유일신으로 섬기는 동학을 만들었어요. 동학은 '사람이 곧 하늘이다'라는 인내천 사상을 중심으로 삼아 탐관오리와 외세의 침략에 저항했어요. 그러나 천주교와 마찬가지로 조선 정부의 탄압을 받았고, 최제우는 1864년에 처형되었어요.

5학년 2학기 사회 2. 새로운 문물의 수용과 민족 운동
6학년 1학기 사회 1. 우리 국토의 위치와 영역

자주적 근대 개혁 아래 숨긴 일본의 야욕

갑오개혁은 1894년부터 1896년까지 이루어진 조선의 개혁 운동이에요. 갑오개혁을 통해 조선 정부는 사회 전반에 걸친 제도를 근대화했어요. 근대화란 정치·경제·사회·문화·가치관 등의 모든 면을 변화시켜 후진적인 상태에서 좀 더 나아지는 과정을 말해요. 갑오개혁을 거치면서 우리나라는 근대적인 모습을 많이 갖추게 되었어요.

갑오개혁 이후 일본인
교관의 지휘를 받고 있는
조선 군대

조선 정부는 '군국기무처'라는 개혁 기구를 세우고 개혁을 추진했어요. 갑오개혁의 가장 중요한 내용은 무엇보다도 수천 년 동안 이어 내려오던 신분제를 없앤 거예요. 양반과 평민의 구분이 없어지고, 노비를 사거나 파는 것도 금지되었어요. 더불어 여성의 사회적 지위도 개선되었어요. 여성들의 재혼이 가능해졌고, 학교에 가서 교육을 받을 수도 있게 되었어요.

또 여러 곳에 근대 학교를 세워 신식 교육을 했어요. 모든 공식

문서에는 한글만 사용할 수 있도록 하여 청나라에게서 독립하려는 의지도 보여 주었지요.

정부는 갑오개혁의 주요 내용을 담아 1895년에 홍범 14조를 발표했는데, 주요 내용을 살펴보면 다음과 같아요.

제1조 : 청에 의존하지 않고 자주 독립의 기초를 세운다.
제6조 : 납세는 법으로 정하고 함부로 세금을 징수
       하지 않는다.
제11조 : 총명한 젊은이들을 파견하여 외국의
        학술, 기예 등을 배우게 한다.
제14조 : 문벌을 가리지 않고 인재를
        등용한다.

자주독립의 의지를 다짐 하기 위해 세운 독립문

그러나 갑오개혁은 일본의 간섭 아래 이루어졌다는 한계를 지니고 있어요. 청일 전쟁에서 이긴 일본은 조선에 압력을 넣어 개혁을 일본에게 이로운 쪽으로 만들었어요. 여러 개혁을 했지만 군사 제도와 토지 제도에 대한 개혁은 빠진 거예요. 나중에 조선을 식민지로 만들기 위해 일부러 군사와 토지 개혁은 하지 않은 거지요. 즉, 갑오개혁은 긍정적인 면도 많았지만 그 다른 면에는 일본의 침략 의도가 숨어 있었던 거예요.

WOW

민족의 얼이 실린 『독립신문』과 독립문

1879년에 독립 협회가 세운 것으로 사적 제32호예요. 독립 협회는 서재필, 이상재 등이 모여서 만든 정치 조직이었지요. 우리나라의 자주 독립과 개혁을 주장했으며 『독립신문』도 펴냈어요. 독립문은 우리나라가 영원한 독립국이라는 사실을 알리기 위해 세운 것으로 당시 온 국민이 자발적으로 돈을 모아 만들었답니다.

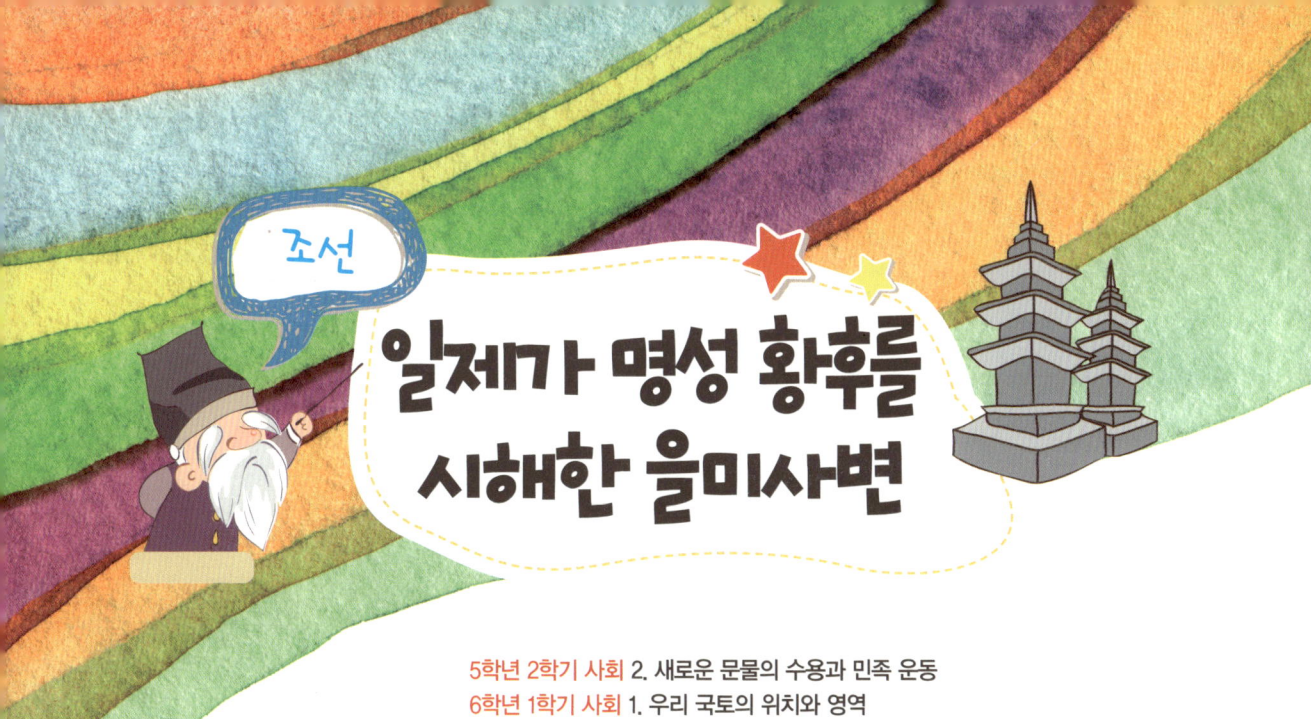

5학년 2학기 사회 2. 새로운 문물의 수용과 민족 운동
6학년 1학기 사회 1. 우리 국토의 위치와 영역

분노한 백성들, 을미의병을 일으키다

을미사변은 1895년 일본 자객들이 경복궁을 습격하여 명성 황후를 시해한 사건이에요. 청일 전쟁에서 승리한 일본은 청나라의 랴오둥 반도를 차지하고, 조선에서까지 세력을 넓혔어요. 하지만 이때 일본이 커지는 것을 염려한 러시아가 프랑스, 독일과 힘을 합쳐 일본에 압력을 넣었고, 일본은 랴오둥 반도를 청나라에게 돌려주었어요. 이를 '삼국 간섭'이라고 해요.

명성 황후로
추정되는 사진

삼국 간섭으로 일본이 주춤하자 조선은 이때를 틈타 러시아를 이용하기로 했어요. 러시아 세력과 손을 잡아 일본을 견제하려고 한 거예요. 조선은 러시아와 협력하여 정치계에서 친일 세력을 없애 나갔어요. 그러자 몹시 다급해진 일본은 일본 공사 미우라에게 명성 황후를 죽이라는 명령을 내렸어요. 러시아와 손잡고 반일 정책을 추진하고 있는 핵심 인물이 명성 황후였기 때문이에요.

1895년 10월 8일, 암호명 '여우 사냥' 작전이 시작되었어요. 일본 낭인들이 광화문을 지나 경복궁으로 들이닥쳤어요. 이들은 경복궁 안에 있는 명성 황후의 침실인 옥호루를 습격해 명성 황후를 찾아 살해하고, 시체를 불사른 뒤 뒷산에 묻어 버렸어요. 이 사실이 국제적으로 알려져 일본을 비난하는 사람들이 생겼지만 일본은 형식적으로 사건을 조사한 뒤 증거가 충분하지 않다며 덮어 버렸어요.

을미사변 후에 일본은 고종을 위협해서 김홍집, 유길준, 서광범 등 친일파를 중심으로 정부를 세우고 개혁을 시작했어요. 이것이 바로 을미개혁이에요. 이때 태양력 사용, 우체국 설치, 종두법 실시, 서양식 의복 착용, 단발령 등의 개혁이 추진되었어요.

그런데 이 개혁들은 너무 갑작스레 이루어져서 백성들이 크게 반발했어요. 특히 이 중에서도 단발령에 대한 반발이 거셌어요. 단

국장으로 치러진
명성 황후의 장례식

발령이란 머리를 길게 길러 상투를 트는 그동안의 풍속을 없애고 머리를 짧게 자르도록 한 명령이에요. 우리 조상들은 당시 부모에게 물려받은 신체를 소중히 간직하는 것이 효의 기본이라고 생각했어요. 특히 머리카락에는 혼이 깃들어 있다고 생각해서 소중히 여겼지요.

선비들은 명성 황후 시해와 단발령에 대해 반발하며 고종에게 일본을 비판하는 상소문을 여러 차례 올렸지만 고종은 일본에 적극적으로 대항하지 못했어요. 일본의 뜻을 거슬렀다가는 명성 황후처럼 죽임을 당할 수도 있었기 때문이에요. 그러자 정부를 대신해 전국 곳곳에서 일본을 직접 몰아내겠다며 이소응, 유인석 등의 의병장을 중심으로 의병이 일어났어요. 이 의병 운동을 '을미의병' 이라고 해요.

의병들은 중부 지방을 중심으로 활약하다 고종이 흩어지라는 명령을 내리자 일단 돌아가게 되었어요. 을미의병은 근대 우리나라 최초의 의병이라는 점에서 의미를 찾을 수 있어요. 백성들이 직접 위급한 나라를 구하고자 일어났던 것이지요.

233

고종, 대한 제국을 선포하다

5학년 2학기 사회 2. 새로운 문물의 수용과 민족 운동
6학년 1학기 사회 1. 우리 국토의 위치와 영역

왕의 나라 조선에서 황제의 나라 대한 제국으로

을미사변을 일으킨 일본은 조선에 대한 주도권을 잡고 친일파를 이용하여 자기들 마음대로 하기 시작했어요. 이에 생명의 위협을 느낀 고종은 왕세자와 함께 1896년 2월, 몰래 러시아 공사관으로 약 1년간 도망가 있었어요. 이를 '아관 파천'이라고 해요.

러시아 공사관으로 옮겨 간 고종은 친일파를 역적이라 하고 그들을 체포하여 죽이라고 명령했어요. 결국 친일파 중 몇몇은 죽임

1900년경의
러시아 공사관

조선의 제26대 임금이자
대한 제국을 선포한
고종 황제

을 당하고 살아남은 친일파들은 일본으로 도망쳤어요.

이렇게 되자 우리나라 안에서 일본의 힘은 약해지고 러시아의 힘이 강해졌어요. 러시아는 자신들이 조선을 보호하겠다며 삼림, 금광, 철도 개발권 등 시설 투자와 자원 개발에 관한 각종 이권을 가져갔어요. 다른 서구 강대국들도 앞다퉈 각종 이권을 가져갔어요.

또한 조선 정부는 친러파로 이루어지게 됐어요. 결국 조선의 모든 정치는 러시아에 의하여 좌우됐어요.

고종이 러시아 공사관에 있으면서 모든 권리가 러시아로 넘어가자, 조선은 더욱 어려워졌어요. 그래서 고종이 다시 조선으로 돌아올 것을 요구하는 여론이 거세졌어요. 결국 1897년, 고종은 경운궁으로 다시 돌아오게 되었어요.

고종은 새로운 출발을 위해 칭제건원을 추진하였어요. 칭제건원이란 조선을 제국이라 칭하고 새로운 연호를 세운다는 뜻이에요. 그래서 나라의 이름을 '대한 제국'이라고 하고, 우리나라가 독립된 제국임을 널리 알렸어요. 고종이 이렇게 나라 이름을 대한 제국으로 바꾸고 황제로 즉위한 것은 외세의 간섭을 벗어나 자주독립 국가가 되어 스스로의 힘으로 근대화를 이루고자 하는 의지가 담겨 있어요.

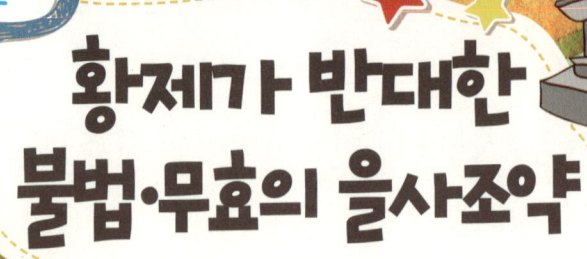

조선

황제가 반대한
불법·무효의 을사조약

5학년 2학기 사회 2. 새로운 문물의 수용과 민족 운동
6학년 1학기 사회 1. 우리 국토의 위치와 영역

「시일야방성대곡」과 헤이그 밀사 사건

을사조약이란 1905년에 일본이 대한 제국의 외교권을 빼앗기 위해 강제로 맺은 조약이에요. 외교권을 빼앗는다는 것은 우리나라가 다른 나라와 정치적, 경제적으로 관계 맺는 것을 할 수 없게 만든다는 뜻이에요. 이러한 조약을 맺는다고 당장 나라를 뺏기는 것은 아니지만, 을사조약으로 우리나라는 우리의 의견을 제대로 말할 수 없고 일본을 거쳐야만 말할 수 있는 나라가 되었어요.

을사조약이 체결된
덕수궁 중명전

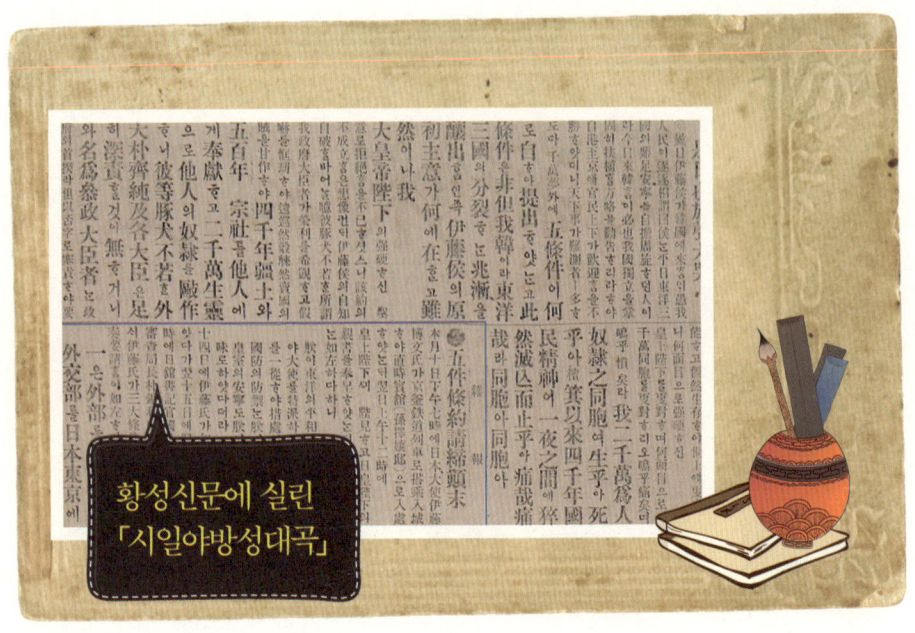

황성신문에 실린 「시일야방성대곡」

러일 전쟁에서 승리한 일본은 우리나라를 완전히 빼앗기 위해 강제로 조약을 맺으려 했어요. 하지만 고종은 일본의 강요에도 불구하고 끝까지 반대하고 서명을 하지 않았어요. 그러자 일본은 다른 신하들에게 조약을 찬성하라고 강요했어요. 이때 몇몇은 끝까지 반대했지만 이완용, 이지용, 박제순, 권중현, 이근택 다섯 명은 조약에 찬성했어요.

나라를 버리고 일본 편에 붙은 이 다섯 명을 '을사오적'이라고 불러요. 을사조약은 국제법상 성립되지 않는 무효한 조약이에요. 고종 황제가 끝까지 반대하고 서명을 하지 않았기 때문이에요. 그래서 을사조약은 강제로 맺어졌다고 '을사늑약'이라고도 해요.

　을사조약을 맺었다는 소식이 들리자 전국적으로 반대 운동이 일어났어요. 학생들은 학교를 나가지 않고 상인들은 상점 문을 닫으면서 반대 투쟁을 벌였어요. 이 과정에서 전국적으로 을사의병이 일어났어요. 을미의병 때와는 비교할 수 없을 정도로 많은 사람들이 의병에 지원하여 항전을 벌였어요.

　신돌석, 민종식, 최익현 등의 의병장이 의병들을 이끌었는데, 이 중에서도 신돌석은 평민 출신 의병장으로 유명해요. 이전에 의병

의병 대장 신돌석(1878~1908)

구한말의 대표적인 의병장으로 평민이었어요. 구한말은 조선 후기부터 대한 제국 때까지를 뜻해요. 신돌석은 1906년 경상북도 울진군에서 의병을 일으켰어요. 평민이었던 신돌석이 의병장으로 활약하게 된 것은 을사조약 때문이었지요. 1905년 일본은 고종 황제의 허락 없이 강제로 을사조약을 맺었어요. 조선 땅의 모든 백성은 분노했고 전국에서 의병을 일으켰지요. 그중 한 사람이 바로 신돌석이었어요.

장은 대개 신분이 높은 양반이 맡았는데, 평민이 의병장이 됐다는 것은 그동안 세상이 많이 바뀌었음을 말해 주지요. 신돌석은 크게 활약하여 한때 그가 이끄는 의병이 3천여 명에 달했다고 해요.

신문에서도 연일 을사조약 반대에 관한 기사를 내보냈어요. 이때 장지연은 「황성신문」에 이날을 목 놓아 통곡한다는 뜻의 「시일야방성대곡」이라는 글을 실었어요. 다음은 「시일야방성대곡」의 한 대목이에요.

애! 원통한지고, 애! 분한지고.
우리 2천만 동포여, 노예된 동포여! 살았는가, 죽었는가?

단군 기자 이래 4천 년 국민정신이
하룻밤 사이에 홀연 망하고 말 것인가.
원통하고 원통하다.
동포여!
동포여!

고종은 국제 사회에 을사조약의 부당성과 일본의 만행을 알리고자 했어요. 그래서 1907년 네덜란드 헤이그에서 열리는 만국 평화 회의에 이준, 이상설, 이위종 등 세 명의 밀사를 파견했어요. 이 것을 '헤이그 밀사 사건'이라고 해요. 그러나 이들 세 사람은 일본 의 집요한 방해로 회의에도 참석하지 못하고 별다른 성과를 내지 못하고 말았어요. 이준은 울분을 참지 못하고 그곳에서 자결하고 말았어요. 게다가 일본은 이 사건을 구실로 삼아 1907년, 고종을 강제로 황제의 자리에서 물러나게 했어요.

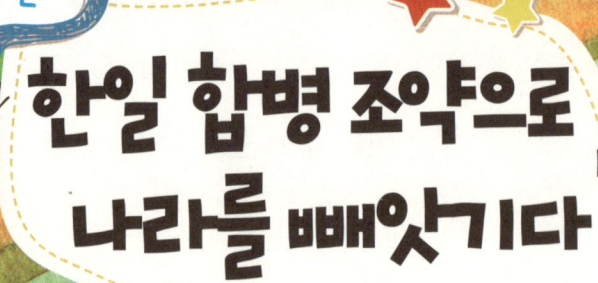

조선

한일 합병 조약으로
나라를 빼앗기다

5학년 2학기 사회 2. 새로운 문물의 수용과 민족 운동
6학년 1학기 사회 1. 우리 국토의 위치와 영역

조선 총독부의 무단 정치

　1910년 8월, 일본은 이완용 등의 대신들과 한일 합병 조약을 맺고 대한 제국의 국권을 완전히 빼앗았어요. 일본은 우리 민족의 저항을 미리 차단하기 위해 군대와 경찰을 전국 곳곳에 배치해 뒀어요. 이로써 대한 제국은 역사 속으로 사라지고 일본의 식민지가 되고 말았어요. 또 우리 민족은 하루아침에 나라를 빼앗겨 나라 없는 국민이 되었지요.

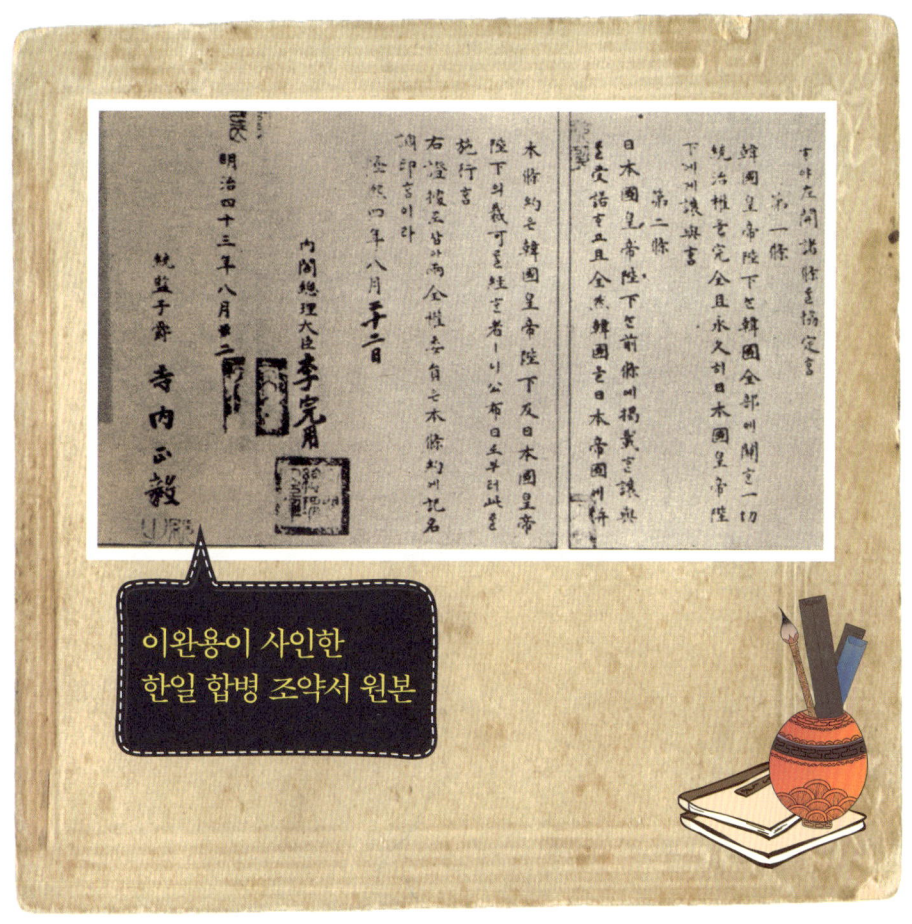

이완용이 사인한
한일 합병 조약서 원본

한일 합병 조약 체결 후 일본은 통치 기구인 조선 총독부를 설치하고 포악한 정치를 시작했어요. 조선 총독부는 행정권, 사법권, 군사권 등 모든 권한을 장악했어요. 조선 총독부의 관리는 모두 일본인으로 이루어져 있어서, 우리 민족의 의견과 상관없이 모든 결정을 일본 뜻대로 내렸어요.

조선 총독부는 군대와 경찰로 나라를 다스렸어요. 이같이 무력

조선의 제27대 임금, 순종

으로 밀어붙인 이 시기의 정치를 '무단 정치'라고 해요. 조선 총독 부는 조선에서 모든 집회를 열지 못하게 하고 정치 단체를 만드는 것도 금지했어요. 민족 신문도 없애 버렸어요. 또 사람들을 감시하다가 조금이라도 일본에 반발하려는 행동을 보이면 재판도 없이 벌을 줬어요. 조선 총독부에 협조하지 않는 사람들은 강제로 끌고가 고문하거나 죽이기도 했어요. 심지어 학교에서도 선생님들이 군복에 칼을 차고 교실에 들어와 아이들을 가르쳤어요. 일본어는 필수로 배워야 했고, 한국어는 선택 교육이었어요.

일본은 우리나라 경제를 교묘하게 약탈해 가기 시작했어요. 조선 총독부는 토지를 정리한다며 토지 조사 사업을 실시했어요. 그러나 신고 과정이 복잡하고 인정해 주지 않은 권리도 많아서 많은 사람들이 땅을 빼앗겼어요. 조선 총독부는 이렇게 빼앗은 토지를 일본인에게 싼 값에 넘겼어요.

을사오적, 매국노 이완용(1858~1926)

이완용은 가장 대표적인 친일파로 을사조약과 한일 합병 조약을 맺는 데 앞장섰어요. 고종 황제의 퇴임에도 앞장섰고요. 우리나라에서는 민족을 배신한 매국노라고 손가락질 받지만, 일본에서는 백작 작위와 어마어마한 재물을 받았어요. 을사조약을 강제로 맺는 데 중심 역할을 한 다섯 매국노를 '을사오적'이라고 불러요. 이완용과 박제순, 이지용, 이근택, 권중현이 바로 을사오적이에요.

조선

3.1 운동, 전국 각지에서 일어나다

3학년 2학기 사회 3. 다양한 삶의 모습
5학년 2학기 사회 2. 새로운 문물의 수용과 민족 운동
6학년 2학기 사회 3. 정보화, 세계화 그리고 우리

세계 여러 나라에 영향을 미친 3·1 운동

2·8 독립 선언이란 1919년 2월 8일, 일본 도쿄에서 조선 유학생들이 발표한 독립 선언을 말해요. 미국 대통령 윌슨이 주장한 민족 자결주의에 자극을 받은 조선 유학생들은 독립에 대한 희망을 가지게 되었어요. 민족 자결주의란 세계 여러 민족은 자기의 운명을 스스로 결정해야 한다는 생각을 뜻해요. 그래서 조선 유학생들은 여럿이 모여 독립 선언문을 발표하고 독립 만세를 외쳤어요. 독립

독립 선언문을
낭독한 서울 종로의
탑골 공원

선언서를 각국에 보내기도 했지요.

2·8 독립 선언은 일본의 강제 해산 조치 때문에 실패로 끝났지만, 국내의 독립운동 지도자들은 일본 한복판에서 이렇게 용감한 선언을 한 것에 감동을 받았어요. 이 일은 3·1운동이 일어나는 데 결정적인 영향을 미쳤어요. 당시 조선은 일제의 무단 통치로 독립운동을 하는 세력이 거의 없어지다시피 했어요. 하지만 독립운동 지도자들은 2·8 독립 선언을 보고 지금이 독립운동을 하기 좋은 기회라 생각하였고, 전 민족이 참여하는 독립 운동을 준비하였어요.

1919년 3월 1일, 불교. 기독교. 천도교 등 종교 지도자들을 중심으로 구성된 33인의 대표자가 「독립 선언문」을 낭독하면서 3·1 운동이 시작됐어요. 선언문을 낭독한 민족 대표 33인은 모두 체포되었지만, 뒤이어 종로에 있는 탑골 공원에서 학생 대표들이 다시 선언문을 낭독하며 3·1 운동이 본격적으로 시작되었어요. 다음은 「독립 선언문」의 앞부분 내용이에요.

우리는 조선이 독립한 나라임과 조선 사람이 자주적인 민족임을 선언한다. 이로써 세계 만국에 알리어 인류 평등의 큰 뜻을 분명히 하는 바이며, 이로써 자손만대에 깨우쳐 일러 민족의 독자적 생존의 정당한 권

유관순 열사의
영정

리를 영원히 누려 가지게 하는 바이다.

3·1운동은 서울, 평양 등 일곱 개 도시에서 시작되어 약 10일 만에 전국으로 퍼져 나가 전국적으로 이어지면서 5월 중순까지 계속되었어요. 만세 운동에 참가한 사람들도 처음에는 학생이나 종교인이 대부분이었지만 나중에는 농민, 상인, 노동자 등 다양한 사람들이 참여하게 되었어요. 참가 인원도 200만 명을 넘어섰어요. 200만 명은 당시 조선 인구의 10분의 1에 해당하는 수라고 해요. 나라 인구의 10분의 1이나 해당하는 사람들이 목숨을 걸고 독립을 위해 나선 거예요.

일본은 이 시위를 무자비하게 진압하고 전국 각지에서 사람들에게 총격을 가했어요. 그리고 사람들을 잡아 와서 가혹한 고문을 저질렀어요. 이때 우리가 잘 알고 있는 유관순 열사도 옥에 갇혀 심한 고문을 받다가 순국하였어요.

3·1운동은 일본이 우리나라를 지배하는 방식을 바꾸는 계기가 되었어요. 무력으로 다스리는 것에는 한계가 있다고 생각하여 우리 민족과 문화를 인정하는 문화 통치 방식이 등장한 거예요.

3·1운동을 주도했던 독립 운동가들은 다시 뭉쳐 상하이에 대한

민국 임시 정부를 세우기도 했어요. 뿐만 아니라 3·1운동으로 우리 민족의 독립 의지를 전 세계에 알리게 되었어요. 또한 중국의 5·4운동, 대만과 인도네시아의 독립운동 등 다른 나라의 독립운동에도 영향을 끼쳤지요.

영원한 누나, 유관순 열사(1902~1920)

1919년 3월 1일은 전국에서 3·1 운동이 시작된 날이에요. 셀 수 없이 많은 사람들이 거리로 나와 만세 삼창을 했어요. 서울에서 이화 학당에 다니던 열여덟 살 소녀 유관순도 고향 천안으로 돌아와 3·1 만세 운동을 이끌었지요. 유관순의 부모님은 만세를 부르다 일제에 의해 피살되었고, 유관순도 잡혀 감옥에서 온갖 심한 고문을 받은 끝에 순국하였어요.

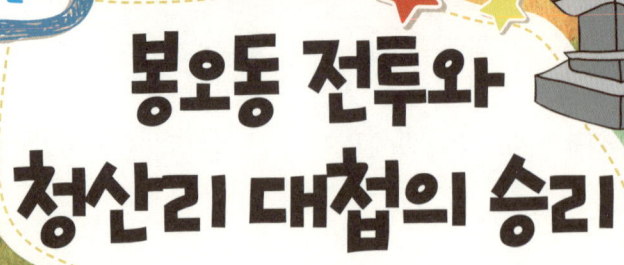

봉오동 전투와 청산리 대첩의 승리

조선

5학년 2학기 사회 2. 새로운 문물의 수용과 민족 운동
6학년 1학기 사회 1. 우리 국토의 위치와 영역

만주에서, 간도에서 일쩨를 무찌른 독립군

봉오동 전투는 1920년에 중국 만주의 봉오동에서 홍범도 장군이 이끄는 독립군 부대가 일본군을 크게 무찌른 전투예요. 우리 독립군 사상 첫 승리를 거둔 전투였어요.

3·1 운동 이후 만주 지역에서 활동하는 독립군의 수가 크게 늘어났어요. 그러자 각 지역의 독립군들은 힘을 합쳐 국내로 들어오려는 작전을 세웠지요. 1920년 홍범도 장군이 북간도 지역의 여러

독립군 부대를 합쳐 군사 수를 늘렸어요. 일단 30여 명이 몰래 국내로 들어와 일본군을 무찌르고 돌아갔지요. 갑작스레 조선 독립군의 공격을 받은 일본군은 복수를 한다며 두만강을 넘어와서 죄 없는 조선족들을 무참히 죽였는데, 이때 또다시 독립군의 기습을 받았어요.

이 소식을 듣고 화가 난 일본군은 독립군을 완전히 없애기 위해 많은 부대를 이끌고 북간도의 봉오동으로 왔어요. 일본 부대가 봉오동 쪽으로 오고 있다는 보고를 들은 홍범도 장군은 주민들을 대피시키고 군사를 숨겨 두었어요. 마침내 일본군이 도착하자 독립군은 일본군을 포위하여 쳐부수고 큰 승리를 거두었어요. 이 전투로 일본군은 160여 명이 전사했지만, 독립군 쪽은 네 명이 전사했다고 해요.

청산리 대첩 역시 1920년 10월경에 벌어진 일본군과의 전투예요. 봉오동 전투에서 패한 일본군은 독립군을 모두 무찌르겠다

서울 전쟁 기념관에 있는 김좌진 장군의 동상

충남 홍성군에 있는
김좌진 장군 기념비

며 다시 만주로 왔어요. 일본군이 오는 것을 일찍 알아챈 김좌진 장군은 백두산 계곡 근처의 청산리로 독립군을 이끌고 왔어요. 김좌진 장군은 앞서 오던 일본군 200여 명을 유인해서 모두 사살했어요. 이후 3일 동안 계속된 전투에서 일본군 3천여 명을 무찔렀어요.

당시 독립군은 정식으로 훈련 받은 군대도 아니고 일반 사람들로 이루어져 있었어요. 게다가 수는 2천 800명 정도로, 일본군에 비하면 20분의 1 수준이었다고 해요. 일본군은 많은 병력과 월등한 장비로도 3천 명이 넘는 사상자를 내고 독립군에게 크게 패하고 말았어요. 청산리 대첩은 우리 독립운동 사상 가장 큰 승리를 거둔 전투로 기록되고 있어요.

이 승리는 간도 지역 조선인들의 지지, 독립군 병사들의 의지와 김좌진 장군의 훌륭한 작전이 어울려 만들어 낸 성과였어요. 봉오동 전투의 큰 승리로 독립군의 사기가 크게 높아졌고 이후 1920년대에 독립 전쟁 준비가 더욱 활발히 이루어지게 되었어요.

홍범도 장군과 김좌진 장군

홍범도는 함경북도에서 의병을 일으키고 만주에서 봉오동 전투, 청산리 대첩에 참여하였으며, 고려 혁명 군관 학교를 설립한 독립군 장군이에요. 김좌진은 3·1 운동 당시 북로 군정서를 조직하고 병력을 양성하였으며, 1920년 청산리 대첩에서 일본군을 크게 무찌른 독립군 장군이에요.

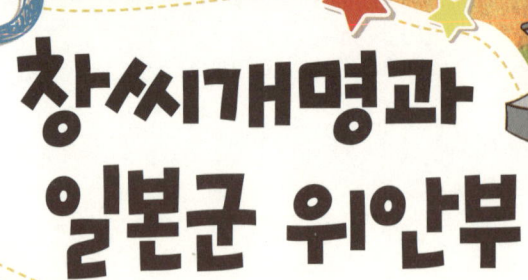

조선

창씨개명과 일본군 위안부

5학년 2학기 사회 2. 새로운 문물의 수용과 민족 운동
6학년 1학기 사회 1. 우리 국토의 위치와 영역

오늘날까지 해결되지 못한 민족의 비극

창씨개명이란 일제 강점기에 강제로 한국인의 이름을 일본식으로 고치게 한 일을 말해요. 창씨란 일본식으로 성씨를 만드는 것을 말하고, 개명은 이름을 바꾸는 것을 말하지요.

창씨개명은 일본이 조선을 아주 없애 버리려는 정책 중 하나였어요. 조선 사람을 아예 일본 사람으로 만들고 조선인으로서의 민족의식을 없애려고 한 거예요. 그래서 창씨개명을 하지 않은 사람

조선 국민에게 창씨개명을
하도록 일제가 공고한 문서

의 자녀는 학교에 들어가지 못하게 했어요. 조금이라도 반항하는 사람은 모두 잡아 가두고 고문을 했어요. 창씨개명을 하지 않으면 아예 외국인 취급을 하기도 했어요.

이렇게 강력하게 강요한 탓인지 조선 총독부가 정한 기한까지 창씨개명을 한 사람들은 우리 국민의 80퍼센트에 달했다고 해요. 그래도 끝까지 창씨개명을 하지 않고 우리 성과 이름을 고집하는 사람도 있었어요.

일본은 우리 민족의식을 없애기 위해 창씨개명뿐만 아니라 우리말과 글을 사용하지 못하게 했어요. 우리 역사의 연구와 교육도

신사 참배를 강요받은
조선 사람들

금지했어요. 학교에서는 모든 수업을 일본어로 진행했고, 국사 시간에는 일본 역사를 가르쳤어요. 또한 일본 천황에게 충성을 다짐하는 「황국 신민의 서」를 외우게 했고 신사 참배까지 하게 했어요.

일본은 공장에서 일할 사람이나 간호사 등을 구한다며 여성들을 속여서 군대로 데려갔어요. 마을마다 한 명씩 여성들을 내놓으라고 윽박지르거나 길 가던 여성을 순사가 끌고 간 경우도 있었어요. 끌려간 여성들은 10대 초반부터 40대까지 다양했어요. 여성들은 부대와 함께 이동하며 성노예 생활을 해야만 했어요. 일본군은 여성들이 도망치지 못하도록 엄격하게 대하고, 우리말도 쓰지 못하게 했어요. 또한 여성들이 고통을 받다가 몸을 다쳐 더 이상 쓸모가 없어지면 죽이거나 쫓아내는 일도 서슴지 않았어요.

조선인의 종교와 사상을 짓밟은 신사 참배

신사 참배란 일제 강점기에 일제가 우리의 종교와 사상의 자유를 억압하기 위하여 일본 왕실을 모신 신사에 절하도록 강요한 일이에요.

위안부는 아직 끝나지 않은 문제예요. 일본군이 전쟁에서 패하자, 살아남은 여성들은 고국으로 돌아왔지만 육체적, 정신적 고통에 시달렸어요. 게다가 일본 정부는 위안부 문제에 대해 공식적으로 사과하지 않았어요. 일본 정부는 위안부의 존재 자체를 부정해 오다가 관련 자료가 발견되자 1990년대 들어서야 위안부 강제 동원을 부분적으로 인정했어요. 하지만 제대로 된 사과를 하지 않았고, 보상 또한 이루어지지 않고 있어요.

위안부는 오랫동안 나라를 위해 몸을 바친 부대라는 뜻의 '정신대'로 불리기도 했어요. 하지만 여성들이 스스로 가려고 해서 간 것이 아니기 때문에 이것은 올바른 말이 아니에요.

대한민국 임시 정부와 8·15 광복

조선

4학년 2학기 도덕 5. 하나 된 나라 평화로운 세상
5학년 1학기 국어 5. 사실과 발견
5학년 2학기 사회 3. 대한민국의 발전
6학년 1학기 국어 6. 타당한 근거
6학년 1학기 도덕 5. 통일 한국을 향하여
6학년 2학기 사회 1. 우리나라의 민주 정치

드디어 민족 해방의 날을 맞이하다!

1919년 4월, 중국 상하이에서 조직적인 독립운동을 하기 위해 우리나라 최초의 민주 정부가 세워졌어요. 이 정부를 '대한민국 임시 정부'라고 해요. 지금 우리가 살고 있는 대한민국은 헌법에서 대한민국 임시 정부를 계승했다고 밝히면서, 임시 정부의 정신을 이어 가고 있어요.

3·1 운동에서 독립의 가능성을 본 독립운동가들은 왕이 중심이

대한민국 임시 정부의
주석이었던 김구

되는 나라가 아니라 국민이 주인이 되는 나라를 세우고 싶었어요.
그래서 김구, 이승만, 안창호 등을 중심으로 정부를 세웠어요. 이들
중 이승만이 대한민국의 초대 대통령이 되었지요.

대한민국 임시 정부는 국내에 '연통제'라는 비밀 연락망을 두어
자금을 모으거나 연락을 취하기도 했어요. 또 「독립신문」을 발행하
여 임시 정부와 독립군의 활동을 국내외에 알렸어요.

임시 정부는 일본의 방해로 지원이 끊겨 상하이 등 다른 곳으로
피해 가게 되었어요. 그러던 중 독립 운동가들 사이에서 생각이 갈
리면서 임시 정부는 한때 위기를 겪었어요. 하지만 김구가 다시 힘

을 모아 독립운동을 지원하면서 임시 정부는 다시 독립운동의 중심으로 자리 잡았어요.

임시 정부는 일본과 맞서 싸워 우리나라를 독립된 국가로 만들려 했어요. 그래서 1940년에는 중국과 미국의 도움을 받아 임시 정부의 이름으로 광복군을 만들어 군사를 키웠어요. 광복군은 제2차 세계 대전이 시작된 이후에는 연합군이 되어 미국과 함께 싸우기도 했어요.

독립운동가 백범 김구(1876~1949)

우리나라의 대표적인 독립운동가이자 대한민국 임시 정부의 주석이에요. 원래는 동학 농민 운동을 이끌었으나 일본의 훼방으로 나라를 떠나야 했지요. 3·1 운동이 있었던 1919년에는 안창호, 이승만 등과 함께 상하이에서 임시 정부를 세웠어요. 이후 임시 정부는 항일 독립 운동의 중심이 되었지요. 또 김구는 이봉창 의사와 윤봉길 의사의 의거를 함께 계획하였답니다.

광복 후 서울 남산에
처음으로 태극기를
게양하는 모습

대한민국의
초대 대통령, 이승만

1944년, 일본이 전쟁에 질 기미가 보이면서 한국광복군은 작전을 준비했어요. 우리 손으로 우리 땅에서 일본을 몰아내려 한 거예요. 하지만 1945년 8월 15일, 일본이 전쟁에 항복하면서 광복군은 일본과 제대로 싸워 보지도 못하고 우리나라가 광복을 맞고 말았어요. 광복이라는 말은 글자 그대로 빛을 되찾는다는 의미예요. 즉 일제가 대한민국을 지배했던 암흑기에서 벗어나 나라를 되찾고 스스로를 다스리는 국가가 된 것이에요.

　　이렇게 다시 되찾은 나라이지만 온전히 우리 힘으로 찾은 나라가 아니었기 때문에 한반도는 다시 강대국이었던 미국, 소련에 의해 남과 북으로 갈라지게 되었어요. 이후 6·25 전쟁을 겪으며 생긴 분단은 오늘날까지 이어지고 있어요.